U0930625

后浪

东大爸爸写给我的日本史

父が子に語る日本史

（日）小岛毅 著 王筱玲 译

Kojima Tsuyoshi

北京联合出版公司
Beijing United Publishing Co.,Ltd.

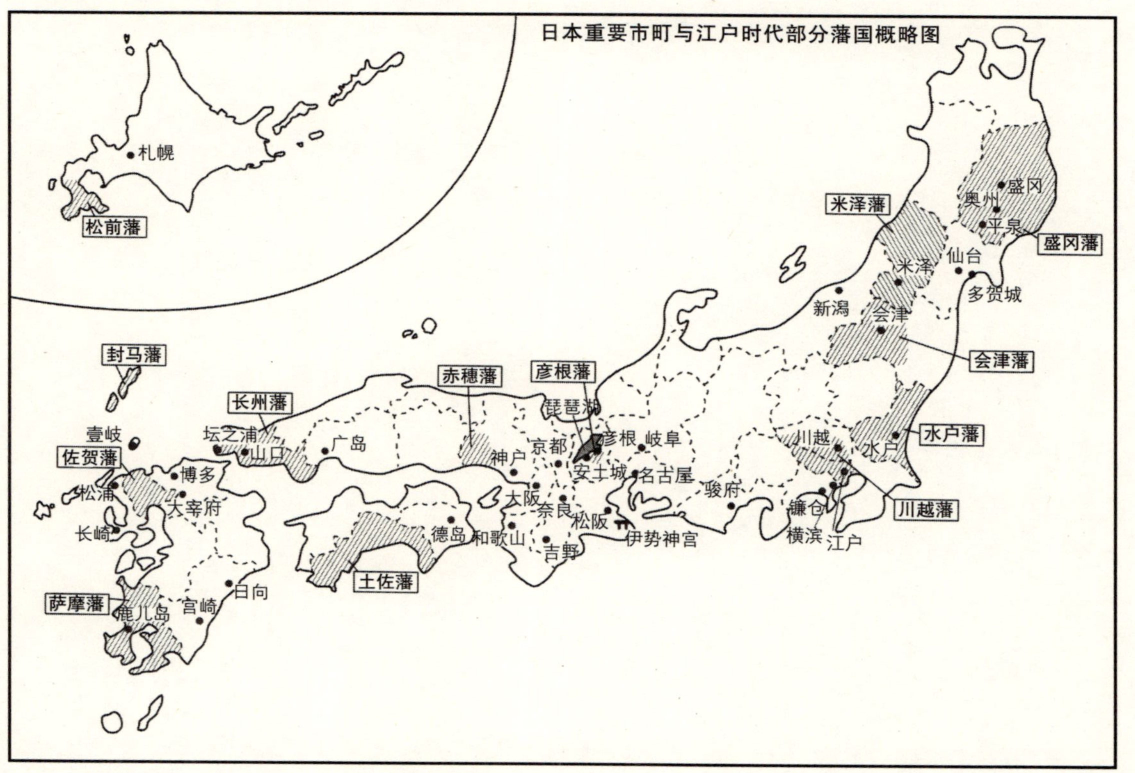
日本重要市町与江户时代部分藩国概略图
札幌
松前藩
盛冈
奥州
平泉
盛冈藩
米泽藩
仙台
多贺城
米泽
新潟
会津
会津藩
水户藩
川越
水户
川越藩
镰仓
横滨
江户
骏府
彦根藩
琵琶湖
彦根
岐阜
安土城
名古屋
京都
神户
大阪
奈良
松阪
伊势神宫
和歌山
吉野
德岛
土佐藩
赤穗藩
长州藩
坛之浦
山口
广岛
封马藩
壹岐
佐贺藩
博多
松浦
大宰府
长崎
萨摩藩
鹿儿岛
宫崎
日向

日本年表

弥生时代

57年	倭奴国王遣使向东汉光武帝进贡，得到“汉倭奴国王印”。
239年	邪马台国女王卑弥呼向魏明帝朝贡，得“亲魏倭王”之印与铜镜。

古坟时代

5世纪前半叶	倭五王遣使向南朝刘宋进贡。
479年	雄略天皇逝世。
513年	五经博士王仁自百济来日。
531年	继体天皇逝世。
539年	钦明天皇即位。
572年	敏达天皇即位。
574年	圣德太子（厩户王）出生。
585年	用明天皇即位。

587年	苏我马子攻灭物部守屋，崇峻天皇即位。

飞鸟时代

592年	苏我马子杀害崇峻天皇，拥立推古天皇。
593年	圣德太子任摄政。
594年	圣德太子开始推广佛教。
603年	制定冠位十二阶。
604年	制定十七条宪法。
607年	派遣隋使小野妹子至中国。
629年	舒明天皇即位。
630年	第一次遣唐使。
643年	苏我入鹿攻击山背大兄王一族，迫使后者自尽于斑鸠寺。
645年	苏我入鹿遭中大兄皇子及中臣镰足暗杀，孝德天皇即位。
646年	颁布“改新之诏”，大化革新开始。
650年	山口县国司献白雉。
655年	齐明天皇即位。
661年	天智天皇即位。
663年	白村江海战（白江口之战）。
672年	壬申之乱爆发。
689年	实施《飞鸟净御原令》。
701年	制定《大宝律令》。

奈良时代

710年	迁都至平成京。
717年	阿倍仲麻吕、吉备真备、玄昉入唐。
720年	《日本书纪》完成。

724年　圣武天皇即位。
741年　下令于各地建造国分寺、国分尼寺。
752年　吉备真备再次入唐。
754年　鉴真随遣唐使来日。
764年　藤原仲麻吕之乱爆发；称德天皇即位。
770年　称德天皇逝世。
771年　《万叶集》完成。
781年　桓武天皇即位。
784年　迁都至长冈京。
789年　阿弖流为叛乱。

平安时代

794年　迁都至平安京。
804年　最澄、空海入唐。
805年　最澄返回日本。
806年　空海返回日本。
838年　派遣最后一次遣唐使，圆仁赴唐。
849年　圆仁返回日本。
858年　藤原氏崛起，开始摄关政治。
889年　桓武天皇之曾孙高望王被赐“平”姓。
894年　废止遣唐使制度。
901年　菅原道真被流放至九州岛大宰府；《日本三代实录》完成。
935年　承平·天庆之乱（平将门、藤原纯友）；约于此年纪贯之完成《土佐日记》。
约1008年　紫式部完成《源氏物语》。
1017年　藤原道长任太政大臣。
1072年　白河天皇即位。

1086年	堀河天皇即位，白河上皇开始院政。
1107年	鸟羽天皇即位。
1123年	崇德天皇即位。
1129年	白河法皇逝世，结束院政。
1155年	后白河天皇即位。
1156年	保元之乱。
1159年	平治之乱。
1167年	平清盛任太政大臣，平氏当权。
1180年	源赖朝受命讨伐平氏，源平合战。
1185年	坛之浦合战，平氏灭亡。

镰仓时代

1190年	源赖朝任右近卫大臣。
1192年	源赖朝任征夷大将军，建镰仓幕府。
1221年	承久之乱。
1253年	兰溪道隆为镰仓建长寺开山。
1268年	北条时宗任镰仓幕府第八代执权。
1274年	文永之役（蒙古袭日）。
1281年	弘安之役（蒙古袭日）。
1282年	无学祖元为镰仓圆觉寺开山。
约1300年	《吾妻镜》完成。
1333年	镰仓幕府灭亡。

南北朝时代

1336年	足利尊氏建立室町幕府；楠木正成战死；后醍醐天皇逃往吉野，南北朝对立。
1338年	北畠显家及新田义贞战死，足利尊任征夷大将军。

1339年　　北畠亲房撰《神皇正统记》。

1392年　　南北朝统一。

室町时代

1397年　　第三代将军足利义满建成金阁寺。

1467年　　应仁之乱。

1490年　　第八代将军足利义政建成银阁寺。

战国时代

1561年　　第四次川中岛之战。

1571年　　织田信长火烧比叡山延历寺。

1573年　　织田信长放逐室町幕府第十五代将军足利义昭，室町幕府灭亡。

安土桃山时代

1582年　　本能寺之变。

1585年　　丰臣秀吉任关白。

1592年　　文禄之役（丰臣秀吉攻朝鲜半岛）。

1597年　　庆长之役（丰臣秀吉攻朝鲜半岛）。

1600年　　关原之战。

江户时代

1603年　　德川家康任征夷大将军。

1609年　　萨摩藩岛津家远征琉球；对马藩宗氏与朝鲜恢复通商。

1615年　　大阪夏之阵，丰臣家灭亡。

1670年　　《本朝通鉴》完成。

1689年	采用涉川春海的贞享历。
1702年	赤穗事件。
1787年	松平定信开始宽政改革。
19世纪前半	曲亭马琴撰《南总里见八犬传》。
1827年	赖山阳完成《日本外史》。
1853年	黑船来航。
1858年	井伊直弼开始安政大狱，签订《安政条约》，横滨开港。
1860年	樱田门外之变。
1867年	大政奉还。

明治、大正、昭和

1868年	明治天皇发表《五条御誓文》，戊辰战争爆发。
1889年	发布《大日本帝国宪法》。
1919年	“三一万岁事件”。
1932年	“五一五事件”。
1936年	“二二六事件”。

目　录

中文版序言

本书是2008年1月至3月执笔写成的。读者看了就会知道，这是以日记形式编排，而实际上也是如此。恰逢独生女儿初中毕业要上高中，由于我想告诉她日本的历史，于是就用每天上班前的一两小时，写就本书。因此，如果遵从“子”的古文用法，在书名中我是应该要用“女”这个字才对。尽管在现在的日文中，不论男女都可以用“子”来表示，但因为这个字的原意，或者由于“历史是男人的事”这种偏见，在日文版的读者中，很多都误以为书名里这个“子”是儿子，而不是女儿。因此，在这里清楚写出我孩子的性别。

本书是以日本中学生在学校所学的历史知识为前提来叙述的，所以不免担心会不会有不少难以理解的地方。因为本书不是以概观日本历史本身为目的，不仅如此，我在书中，参照当下学界的最新动态来补充教科书所教的内容，并以故事所具有的“一贯性”作为描写“通史”的目标。

日本的历史一般分为古代、中世、近世、近现代[①]四个时期，教科书也是这样区分的。这种区分方式也被用在专业研究者的分工中，例如介绍“我是日本古代史的专家”时也会用到。因此，日本史的研究者的著作只会针对作为自己研究对象的时代。这是基于对其他时代的研究者的敬意、回避与自我防卫（避免受到“你的书错误百出”的指责），所以才不写自己领域外的书。因为我是专门研究中国思想史的，所以对于这点，很轻松地就能执笔写作。的确，以我的情况来说，要写中国思想的通史是会感到困难的。

因此，尽管“断代史”式（将历史细分的做法）的处理方式，在事实关系方面可以做到精确描述，这在学术上是很宝贵的，但却会成为阻碍一般读者、特别是青少年掌握历史走向的要因。而且，在日本称为“通史”的历史，例如教科书的编排，现在几乎都依照上述的时代划分，以各自分工、共同撰述的方式来完成，实质上算是断代史了。“是通史？是断代史？”这是自司马迁和班固以来就被提出的问题，其实两者都是必要的。这也是我撰写本书的根本原因。

① 在日本史的概念中，近现代主要指第二次世界大战后到昭和末期（20世纪80年代）；而在世界史的概念中，则指第一次世界大战后到冷战终结、苏联解体。

本书若能够得到众多年轻读者的欢迎，并成为深化对日本历史了解的机缘，将是我的荣幸。

先忧房主

小岛　毅

癸巳上元

♠ 剑之章

♠A 为什么要写这本书

刚刚的生日蛋糕很好吃吧！虽然你也这么说，但实在吃得太饱了。15年前的这一天，你来到了我们的身边。那天和今天一样，是个有点冷的日子。

今天你正好成为孔子在《论语》中所说的“志于学”的年龄。“志于学”就是十五岁[①]。而且，再过两个月你就要从初中毕业了。如果要上高中，差不多就得开始认真念书了。同时也要开始为将来想要学习什么样的专业课程、想要从事什么工作而准备了吧？是要和爸爸妈妈一样念历史系？或者想要学习对实际工作更有帮助的科系？都要看你自己的选择。我觉得，孔子所说的“志于学”，也有自

---

① 语出《论语·为政》，子曰：“吾十有五而志于学，三十而立，四十而不惑，五十而知天命，六十而耳顺，七十而从心所欲，不逾矩。”——编者（本书注释均为译者及编者所加，下文不再标示）。

己选择未来出路的意思。

不过，很可惜的是，我很怀疑学校里所用的教科书对这个问题能够提供什么帮助。原本就说不上是什么有趣的内容，虽然我也参与了公民伦理课教科书的编写，但因为有着各种限制，想写的东西有一半都没办法放进去。

爸爸妈妈在大学里学历史，并不是因为教科书很有趣，而是因为遇到了让我们对历史产生兴趣的书和老师。无论是日本史还是世界史，那些教科书，都因为变成了教科书而艰涩难懂，老实说，并不是有趣的读物。如果因为教科书的关系而让你讨厌历史这门学科，是非常可惜的。因此我下定决心写这本书。

以前，印度有一位名叫尼赫鲁（Javāharlāl Nehrū，1889—1964）的政治家。他是印度独立运动的参与者，印度独立后的首任总理。当他变成政治犯被关在狱中的时候，为了他的女儿——后来也成为印度总理、最后被暗杀的英迪拉·甘地（Indira Priyadarshini Gandhi，1917—1984）[①]，写下谈论人类历史的书信。这些书信后来结集出版为《父亲对孩子说世界历史》[②]这本书，让世界各地的人都能读

---

① **英迪拉·甘地：**世称甘地夫人，两次出任印度总理（1966—1977，1980—1984），1984年在总理府被两个锡克教警卫开枪刺杀身亡，有“印度铁娘子”之称。

② **《父亲对孩子说世界历史》：**日文版译名与原文不同。1934年出版的《世界史一瞥》（*Glimpses of World History*）原文版收录了作者在1930至1933年间写给女儿的196封信。尼赫鲁另有一本收录30封书信、1928年出版的《父亲给女儿的信》（*Letters from a Father to His Daughter*）。1945年，商务印书馆曾出版这套书信，书名为《尼赫鲁给女儿的信》。

到。我在差不多你这个年纪时读到这本书，深受感动。我既没有尼赫鲁那么伟大，也并不是广博多闻，好像也写不出“世界的历史”，但如果只是我们所生活的日本这个国家的历史，说不定可以整理出来。我是这么想的。

继续读下去就应该能理解，这本书虽然是“日本的历史”，但它与被当作学科的“日本史”并不相同。高中的科目分为“日本史”与“世界史”，在不同的课堂上，会由不同的老师来教。我一直觉得这种教学方法很奇怪。

第一，高中学科中的“世界史”，并不是“世界上的历史”，而是把日本从世界中排除的历史，也就是像这样的公式:“(全世界-日本)的历史=世界史”。把我们自己所在国家的历史排除，只学习外国的历史，其实并没有任何意义。因为先具备了“日本史”的基础知识，才能掌握“世界史”的意义;最近还有不学“日本史”只修“世界史”，高中就可以毕业的方式。大学入学中心的考试里，选择“世界史”、只为了考试而念书的结果，就是学生变得对外国发生的事件年代、历史上的人物知之甚详，却对日本的历史几乎一无所知。爸爸在大学里教书，总是对这样的弊病深感痛心。

第二，这也是互为表里的关系，日本的历史只在日本这个框架中是无法理解的。现在的日本国境定界于明治时代(严谨的说法会在后面提到)。在江户时代，冲绳是名为“琉球国”的其他国家，而且北海道似乎也不被称为国内，更何况那块北方领土怎么看也不是日本的一部分。不过，从数千年前的绳文时代开始的“日本史”，认定的当

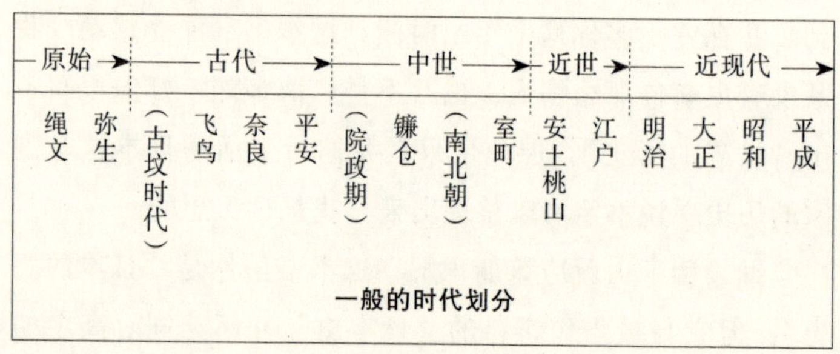

时的日本和现在的日本范围是一样的，所以我们以这个前提来开始谈。

然而，经过弥生时代到了古坟时代之后，历史主要集中在大和朝廷与其周边地区，接着就接连进入飞鸟、奈良、平安时代。大和朝廷就是天皇的政府，历史就是叙述这个政府如何扩展统治区域的故事。

“日本”这个名字是在公元7世纪左右，由天皇的政府决定的。而且“天皇”这个名称，是几乎同时开始被使用的。所谓“日本史”，便是以最早的天皇政府的治理区域为前提，依照时代的进程，列举现在日本领土的整体历史。但是教科书里并没有清楚地说明，为什么冲绳、北海道在“日本国”统合之前，就被列入“日本史”来谈论。也就是说，日本与其他地区（也就是成为“世界史”描述对象的那些地区）的区隔，是事先根据现在的国境所作的划分，所叙述的是与过去的人所描述、回忆并不相同的“日本”的样貌。

第三，日本这个国家的历史构成并不是只有本国。日本在建国的时候，向大陆上的中国及朝鲜半岛学习了很多事物。关于这些“古代”的部分，在教科书里虽然有所涉及，但是实际上镰仓、室町时代的“中世”也可以说有类似的交流，即便到了称为“锁国”的江户时代，日本并没有完全切断与海外的联系。

近畿地区和关东地区所认为的“日本”，与九州岛的人所看见的“日本”，应该是不一样的；然而，“日本史”的教科书却是从朝廷、幕府所在的京都、镰仓、江户，也就是日本的中央政府观点来叙述日本的国家轨迹。

当然，这也有无可奈何之处。像“日本史”这样的国别史，是为了创造“近代”的民族国家所必需的。法国有法国史，德国有德国史；而且历史上的同一件事，法国方面的叙述与来自德国的叙述也不尽相同。为了强化民族的凝聚力，历史就变成对自己的国家歌功颂德的写法。

虽然我要说的内容有点难，但例如日本与中国对“历史解读”的差异就是引发问题的根源。爸爸现在担任“中日历史共同研究”的成员，正想办法解决这个问题。中国人叙述的历史，与日本人所看见的历史，为什么会产生分歧呢？不仅要思考这个问题，我想现在也到了试着反省一国史式的历史观的时期了。

因此，为了你的未来，我每天编写一点“父亲告诉孩子的日本史”。希望可以加入很多的轶事，努力让它成为有趣的读物。如此一来，不只是你，我希望与你同龄的人也都能读读这本书。

♠2　希望展现整体样貌

我重新思考、校读了昨天写好的原稿。我应该要怎么称呼自己比较好呢？一般我会写“我”（日文汉字“私”），但是昨天和你说到的时候，好几个地方用了“爸爸”。不过，实际上你不太会说“爸爸”这个词吧。因此，我想了想，决定使用“仆”（日文汉字“仆”，意思为“我”）[①]。至于用这个字的理由，在这本书最后再说。

那么，仆写这本书，应该会受到很多人的批判。因为既不是“日本史”的专家，而只是以“历史学”研究者的身份，要谈日本历史教科书的错误架构，简直是妄自尊大。越是有良心的专家，对于仆这种大胆的整理行为就会越慎重，同时也会对这种做法持不信任态度。

---

① 仆，亦是古代男子对自己的谦称。如司马迁在《报任安书》中提到：“仆非敢如是也。”

但仆还是硬着头皮写这本书，是因为仆强烈地认为还是有必要这么做。例如司马辽太郎那样的历史小说家，对于他们比历史学者拥有更多的读者，拥有很强的影响力这点，让仆有很大的危机感。专业的研究者们一边在同侪之间严厉地批判这些小说家对历史的理解与叙述方式，但是对于一般大众，能不能提出可以替代的历史样貌，又绝对不是简单的事。因此在专业的研究领域与让一般大众理解的水平之间，有着难以想象的巨大鸿沟。

当然，因为学问终究是这样的东西，所以才更需要专家，不是吗？如果是理论物理学或是生命科学等领域最前沿的知识，大家既不需要去理解，何况我们根本也无法理解。

然而，历史与这些理科的尖端科学不一样，历史原本就应该和我们有切身的关系。我们所生活的社会，是经过千百年的时间积累而形成的结果，关于社会形成的经过，是有必要根据最新的专业研究来好好说明的。身为近代国家，如果构成国家的国民不能准确认识历史，那么这个国家就有开始转向危险方向的忧虑。实际上，日本在数十年前的战争中就有过这样的经验。历史专家们理解的“历史的真实”，在学校里被禁止传授，也不能向普通人传达。

这本书，是为了给像你一样要担负起未来社会责任的年轻世代，在说明当下的研究成果的同时，通过仆自己的整理，将关于日本与环绕日本的区域历史，仔细向你们解释。今后将被改写的事件应该还有很多吧，也有根据不同的人、不同的价值来评价所记录的历史。而这本书将通过时间的流向来展现历史的整体样貌。仆是这么打算的，请继续读下去。

♠3　从哪里可以看见“日本史”？

如果看世界地图，被国界线划分的各国，区块内都被涂上了同一种颜色。日本当然是红色，这是因为太阳旗颜色的关系吗？不过在足球比赛里，日本的颜色却是蓝色，邻近的韩国才是红色吧！

关于地图上的颜色，有一种说法，因为红色是属于膨胀色，可以让狭长的日本列岛有看上去更大的错觉；而像邻近的土黄色的中国与绿色的俄罗斯那样的巨大国家就用了收缩色，这是为了塑造彼逊我胜形象的深谋远虑的做法，但真的是这样吗？

日本从北方领土开始一直到冲绳全部都是红色，中国则是东起山东半岛、台湾，西至西藏、新疆维吾尔自治区，全部都是土黄色。仿佛一跨出国境，就可以感受到景色的骤然不同，但事实上显然不是这么回事。例如，冲绳与台湾之间相较于冲绳与择捉岛[1]之间的差异更小，应该也比台湾与西藏的差异来得小吧！

（从历史地图的角度说）[2]如果想要正确地表现出国家的颜色，那么在国家之中也应该做出不同浓淡的色调吧！以日本来说，京都用最深的红色，表现出“这就是日本”，冲绳则是加入一点中国风的黄色，变成淡红色。

不仅在地理上，实际上历史也是一样。对曾为琉球国的冲绳而言，京都所发生的事件，同样地，可能还比不上在北京发生的事件来得重要。上文提到过，“日本史”是以京都、镰仓、江户，也就是当时的政治中心所在的角度来编纂的。“从冲绳的角度看来的日本历史”，应该与正统的历史有着极大的差异。当然，奥州平泉有平泉[3]的历史，对马[4]有对马的历史，各地应该都有属于自己独特的“日本史”。

不过，如果要说为什么唯独京都或镰仓、江户可以占有特权般的地位，除了它们是强大的政治权力中心所在地之外，同时也可以说是因为与那样的政治权力伴随而来的文化之故。因为福冈、鹿儿岛、仙台、秋田等地，各自的

---

① **择捉岛：**俄称伊土鲁朴岛（Ostrov Iturup Island），日俄争议岛屿，现在俄罗斯实际控制中。位于北海道东部，是千岛群岛中最大的火山岛。

② 此句为编者注。

③ **平泉：**位于岩手县西南部，11世纪末至12世纪末由奥州藤原氏三代统领该地。

④ **对马：**古称对马国或对州，是日本九州岛北面的狭长岛屿，靠近朝鲜半岛。现在属于长崎县。

地位或势力有所差异，因此才会将京都或镰仓、江户视为文化的中心，抱持着仰望的态度吧！

例如15世纪后半叶，京都在爆发应仁之乱后残破不堪，作为文化舵手的公卿和僧侣们纷纷逃离，前往其他地区。当时山口的大名是大内氏，因为与中国（当时的明朝）交易而致富。由于大名的热情款待，吸引了许多风闻而来的文化人聚集当地。以水墨画闻名的雪舟[①]，就住在山口。因此出现了文化中心从京都转移到山口的情况。

京都的向心力在应仁之乱后，到了16世纪开始增强，这是因为出身爱知的三位“天下人”[②]——织田信长、丰臣秀吉、德川家康——都是从京都号令天下。的确，织田信长在安土、丰臣秀吉在伏见桃山都有筑城，所以这段时间也称为“安土桃山时代”。虽然德川家康在江户与骏府（静冈县）设置大本营，但即便如此，京都作为政治上的重要地域，为了对其进行有效的控制，各方势力都以自己的方式煞费苦心。

不过可能会有人这么认为：“什么嘛！这不是理所当然的吗？是因为在明治之前，天皇都住在京都的缘故吧！”的确，一般会这么解释。京都因为是首都，所以很重要。此外，既然都还没有正式迁都，即便到现在，甚至还有人

---

① **雪舟（1420—1506）**：室町时代的画僧，原在京都相国寺修行。曾赴中国学习水墨画，后来迁移至山口，开设云谷庵。

② **天下人**：日本独有的称谓，一说源自织田信长的“天下布武”印，意指取得“天下”、掌握政权的人。

觉得应该将京都视为日本的首都。天皇御所所在的城市就是首都，那里当然就是日本的中心城市，这种想法实在是太显而易见，所以通常不会成为讨论的主题。

不过，请想想看，如果是这样，为什么我们要使用“镰仓时代”或是“江户时代”这些说法？这不就意味着幕府置于哪个城市，哪个城市就是政治的中心吗？然而，镰仓时代也好，江户时代也罢，还包括幕府依然置于京都的室町时所称的室町时代，文化的中心都在京都。这难道是因为天皇在那里的缘故吗？天皇的存在对日本的历史来说，具有什么样的意义呢？

要马上回答这个问题所牵扯的方面实在是太过繁杂了，让我们先回到之前的课题。总之，在此先设定“为什么京都至今仍旧是体现日本传统文化的城市？”这个意识性的问题，这也是过去多数的毕业旅行都会选择到京都的原因。

♠4 阿弖流为是“叛乱分子”？

今天出差搭乘新干线，到了岩手线的奥州市。从上野出发不到三个小时，水泽江刺的车站前面依旧可见些许未融的残雪。你知道明治时代开始出现的一句话：“白河以北一山百文”吗？这种说法暗示了相较于东北地区，西日本的人对土地价值所给予的严苛评价。从东北新干线的车窗看出的风景，的确在白河以北就骤然改变，然后到了仙台又再度改变。一到奥州市，就涌现了所谓北国的实际感受。

距今约千年之前，这个地方由名为阿弖流为①的酋长所统治。他拒绝臣服于京都政府所代表的“日本国”，但如果任由律令体制②以外的政治机构也自称为“国”，那必

① **阿弖流为（Aterui，？—802）**：平安时代初期虾夷的军事领袖。

② **律令体制**：基于律令等成文法，实行中央集权的统治体制。日本在奈良时代学习隋唐法令，建立日本天皇制的中央集权国家。

定会导致自主独立的建国。

因此，不久后京都便派出了强大的军队，阿弖流为战败投降并被杀了。他的罪状是"反抗天皇"。

如果去查查你最近所用的历史参考书，会发现这个事件被写成"阿弖流为叛乱"。天皇的政府从8世纪以后，在多贺城，也就是现在的仙台市以北设置城郭作为据点，开始控制东北地区。同时也把抵抗的势力，不论当时或现在，都以"叛乱"来定义。不过，历史的真相并不是这么简单的两个字。

根据《广辞苑·第六版》（2008年1月发行）的解释，"叛乱"的意思是："反抗来自控制体制或上层的领导而产生乱事。"所以也就是说，叛乱与该地区是否存在拥有正统性的政府无关，而是对该领导不满的部分人士所发起的动乱吧！从近代来看，所谓的军事政变，例如"五一五事件"（发生于1932年5月15日，军队与右翼团体联合发动的法西斯政变[①]）、"二二六事件"（发生于1936年2月26日，陆军部队的叛乱事件[②]），这些才可说是"叛乱"。因为他们反抗领导。

---

① **"五一五事件"**：事件的起因在于对农村贫穷、政治腐败不满的海军少壮派，联合民间的右翼团体，袭击首相官邸、警视厅、内大臣牧野伸显邸宅、三菱银行等地，并刺杀了首相犬养毅。

② **"二二六事件"**：受到日本陆军皇道派影响的青年军官率领1400多名士兵，在首相官邸、警视厅等各处展开刺杀行动，并杀害多名官员，占领永田町一带（日本政府机构所在地）。日本政府后来发布戒严令，天皇下令镇压。

然而，阿弖流为发动“叛乱”了吗？反抗来自天皇的“控制体制”，或许可被视为叛乱，不过问题在于，他们是否原本就接受来自天皇的统治？

1919年，在日本殖民统治下的朝鲜半岛为了独立，爆发了“叛乱”，参加者超过200万人，日本政府虽然最终镇压了“叛乱”，但是朝鲜的死亡人数达到数千。根据发表独立宣言的日期（《己未独立宣言》），这个事件被称为“三一运动”（又称“独立万岁运动”）。不过现在的教科书中，却不称该事件为“叛乱”。朝鲜（韩国）人想要独立，他们的权利，而当时压迫他们的日本政府，准确地说，是代表日本政府的朝鲜总督府的统治方式也是很有争议的吧！

“三一运动”在当时，明显属于“叛乱”，但这是从日本人的观点来看的吧？然而，对这次事件的评价现在却变了。回到前述，以阿弖流为来说，当时也好，现在也罢，都不应该视为“叛乱”。

当然，现在的奥州市民并不会筹划以脱离日本为目标的独立运动，这说明他们与韩国人看待“三一运动”的观点是不一样的。然而，没想到的是，千年前在此地发生的事件，现在仍用首都的观点视为“叛乱”，你不觉得这就是如前文所说“日本史”的问题所在吗？

假使有人将“朝鲜半岛是日本的殖民地”视为理所当然——其实半个多世纪以前，几乎所有的日本人都这么认为——如果朝鲜人民反抗了日本政府的控制，这就是“叛乱”。而阿弖流为所表现出的“叛乱”行为，应该是基于这一带的土地属于日本国这种当然的想法；而且，现在住在那里的人们几乎也都认为自己在日本国政府的统治下是理所当然的事。

然而，照这样的逻辑，确实可以继续推断千年以前违抗天皇统治的人也是“叛乱者”吗？

实际上，阿弖流为在当地很受欢迎，说不定还被视为地方英雄。从车站到这家饭店的途中，发现了许多店家的广告牌上写着“阿弖流为”。看来在当地，他并没有单纯地被视为是“叛乱者”，这让仆松了一口气。奥州市的初中和高中是怎样教授关于阿弖流为的这段历史呢？这个疑问涌上心头。

♠5 “美丽之国”平泉与“美好之国”镰仓

今天有一场有关平泉文化交流的活动。早上起来之后，看到一片的雪景，心里很担心会不会有人来参加，结果可容纳500人的会场几乎座无虚席。对生活在雪国的人而言，这种程度的降雪根本不会有什么妨碍吧！

奥州市附近的平泉町有平泉的遗迹，这里以中尊寺金色堂闻名。以平泉町为中心，也包括了奥州市、一关市的遗迹在内，在2008年夏天以“平泉：象征着佛教净土的庙宇、园林与考古遗址”为正式登录名称，申请世界文化遗产（追记：很遗憾的是2008年的申请延期了）[①]。这场交流活动的主旨是为了协助这项申请活动的推动，并加深当地人对历史与文化的理解。

① 2011年6月在巴黎举办的联合国教科文组织第35届世界遗产委员会，决定将日本岩手县的“平泉文化遗产”列入世界文化遗产名录。

平泉因藤原氏一族以此为根据地而繁盛。在日本史的教科书里出现过的人名，藤原氏占了很大的比重。不过平泉的藤原氏（奥州藤原氏）在京都的摄关家[①]看来，根本只不过是分家再分出去的分家，属于身份低下的血统。他们移居至此后，与继承了阿弖流为血统的当地人混血通婚，变成与京都风雅文弱的公家完全不同的一族。平泉的藤原氏历经了清衡、基衡、秀衡一家三代的发展，统治着广阔的东北地区，这对京都的朝廷来说却是个碍眼的存在，因此到了第四代泰衡的时候，源赖朝[②]率领镰仓幕府的军队，消灭了藤原氏。

那是1189年，正是源赖朝担任征夷大将军、高唱“镰仓幕府打造美好之国”的3年前。源赖朝以占领军的身份踏入平泉时，对该地繁荣的景象惊叹不已。于是他决定仿照平泉，将镰仓打造为繁华的都市。所以“美好之国”可说是在以武力蹂躏和平的平泉之后，再以它为模型打造出来的。

的确，平泉似乎是“美丽之国”。虽然历经战火，当

---

① **摄关**：“摄关”是摄政和关白的合称，担任天皇的代理人或辅佐者之职。天皇幼时，由太政大臣代行政事称摄政；天皇年长亲政后，摄政改称关白，辅助天皇总揽政事。京都的摄关家是指藤原北家，北家又分道兼流、长家流、秀乡流等分支，而奥州藤原则是从秀乡流分出来的分家。

② **源赖朝（1147—1199）**：日本镰仓幕府首任征夷大将军，也是日本幕府制度的建立者。镰仓幕府的建立，标志着日本长达680年的幕府时代的开始，直到明治天皇在1868年颁布《王政复古大号令》之后终告结束。

时的建筑物（如金色堂）只留下断壁残垣，但在12世纪时，这里可是以佛教净土世界为理想而创造出的城市。无量光院的阿弥陀堂就是仿造11世纪建造的宇治平等院凤凰堂所建，而且规模更大。如果从建筑物的后面欣赏没入金鸡山的夕阳，应该会有宛如迎接从西方极乐净土到来的阿弥陀如来的感觉吧？实际上，那个建筑已不存在，但在2007年的夏天，从这个地方看日落时，同行者的赞叹声此起彼落，仆也被震撼得说不出话来。

奥州藤原氏形式上是京都天皇的臣子，担任镇守府将军和陆奥守之职。然而，事实上并不是因为他受封这个官职所以可以治理东北地区，而应该是封给他与其实力相符的官职名吧！反过来说，就算他请辞陆奥守之职，他的权力也不会因此而消失。不过担任这个来自天皇敕封的职位，则说明藤原氏控制奥州包含了政治上的正当性。正因为如此，他才接受这个职位吧！

这件事和源赖朝担任征夷大将军一事也有关系。镰仓幕府并非是在1192年成立的，而是从1180年源赖朝进入镰仓之后，一步一步形成的。为了在制度上承认已经存在的幕府（无正式名称的不可思议政府），所以才利用“征夷大将军”这个称号。如果要深入来说，在源赖朝的时候，征夷大将军还没有这层意思，事情的真相是之后因为有了源赖朝这个先例，才变成让武家的领导者担任这个职位。有专家指出，实际上对源赖朝而言，另一个右近卫大将①的

① **近卫大将**：日本律令制中的官职，相当于从三位，是（接下页）

职位比征夷大将军更为重要。此外，即使是源赖朝之孙、三代将军源实朝，在《百人一首》[①]中的称号也是“镰仓的右大臣”[②]。

在这次平泉文化活动中，仆的角色是在最后闭幕时致辞，介绍今年大学入学考试中心的日本史考题中关于平泉的问题，并谈论“从平泉到镰仓”这个主题。在历史上平泉不仅是镰仓的先驱，继平泉之后，镰仓也以成为世界文化遗产为目标。

尽管如此，仆认为这两座古城有概念的差异。如果说平泉是“美丽之国”，镰仓应该就是“美好之国”吧！在镰仓形成的宗教，已经不是平安贵族的净土思想，而是在佛教里新兴的律宗与禅宗。要问是从哪里传来新的思想，答案是中国。南宋的文化成就了武士们的首都——镰仓的行事风格。比起宋代思想的“美”，镰仓追求的是“善”。因为这个议题在本书中是非常重要的主题，请好好记住。

（接上页）常设武官职的最高位。有左右之分，左近卫大将的权位大于右近卫大将。而征夷大将军是属于令外官（在律令制度外所设置的官职）。

① **《百人一首》**：汇集了日本七百年100首和歌，是最广为流传的和歌集。由镰仓时代的歌人藤原定家从《古今集》《新古今集》等敕撰和歌集中，依年代先后挑选出100位介于天智天皇到顺德天皇间的杰出歌人及其一首作品，集结成《百人一首》，又称《小仓百人一首》，合计有男性歌人79人（含僧侣13人）及女性21人。

② **右大臣**：太政官的长官，正二位官职，相当于右丞相的地位。当左大臣因为某些原因不能出朝或兼任关白时，代行总裁太政官的政务和典礼，是太政官中最高官员之一，故与太政大臣及左大臣合称为“三公”（也叫“三大臣”“三槐”）。

♠6 引发了明治维新的《日本外史》

在飘雪的天空下，随着我一起越过白河之关，南下如何？早上起来就会是一片银白世界了。现在也大雪纷飞不停歇。

距今约150年的1860年3月2日，江户的街道也下着和现在一样的雪。那一天，大老[①]井伊直弼在从彦根藩邸前往江户城的途中，在樱田门外被十几名刺客袭击身亡。大老在当时相当于国家政治的最高负责人，以现在来比喻的话，就是内阁总理大臣吧！他从前几年就开始镇压反对派，发动了世间所称的“安政大狱”[②]，因此产生的怨恨

① **大老**：江户时代辅佐将军的最高官员，统辖幕府的所有事务，是临时性的最高职位。一般该职位只有一人担任，平时免予评定所办公等日常事务，仅在将军作出重要决策时参与行政。

② **安政大狱**：1858年（安政五年），大老井伊直弼对尊王攘夷运动进行一次大镇压。由于在《日美友好通商条约》签字问题和（接下页）

成为他遇刺的主因。刺客们几乎都来自水户藩，只有一个其他藩的人混入其中，就是萨摩藩士。

2008年NHK推出的大河剧，是以德川幕府末年的萨摩藩为背景的《笃姬》。笃姬亦即天璋院，生于藩主的分家[①]，后来不但成为藩主岛津齐彬的养女，更以公家[②]近卫家养女的身份嫁入德川将军家，迎向幕末时代。这出戏剧似乎是从萨摩藩出身的女主角的角度，以她活跃于当时的情节来描述常见的幕末故事。

萨摩藩、长州藩、土佐藩、肥前的佐贺藩并列为最有实力的藩，根据它们的地理位置被称为“西南雄藩”。没错，与“东北”相对的“西南”。而且，这四个藩成为后来的政治中心，成就了明治维新。明治政府因为重用这四个藩出身的人，而被称为“萨长土肥”的藩阀政府。另一方面，因为东北地区拥护德川幕府的势力仍很强大，结成

（接上页）将军继嗣问题上，一桥派、尊攘派掀起的反对运动日益激化，大老井伊直弼接连采取镇压措施。在德川齐昭被处罚之后，孝明天皇向地方藩主发出密敕，要大家铲除无视武家秩序的井伊直弼。但密敕被井伊发现，为了铲除响应密敕者和对井伊不满的人，幕府搜捕、镇压了一百多人，是为安政大狱。因为安政大狱导致了幕府政治道德的降低和人才的缺乏，同时反幕派的尊攘活动也愈发激进，因此这也成为幕府灭亡的远因。

① **分家**：相对于“本家”而言。除了继承的长男之外，次男、三男各自离家成立的家庭，即为分家。

② **公家**：公家原指在朝廷侍奉的文官，与“武家”相对。到平安后期，在朝廷中有权势的朝臣也称为公家。

了奥羽越列藩同盟[①]，与明治政府的军队对抗，被当作是“叛乱”者（这件事在《靖国史观——幕末维新这个深渊》[筑摩书房，2007年]里有详尽叙述，有兴趣的人请找来一读）。

西南雄藩实力的形成，缘于培植当地产业，并活化商品经济。当时物流多走陆路，但如果要运送大量商品，走水路则更加方便。萨、长、土、肥这四藩皆面海，而且还有异于东北的得天独厚的气候环境，因此它们在19世纪迅速崭露头角。后来在佩里来航[②]所造成的紧张政治情势下，西南雄藩终于掌握了主导权。

西南雄藩率领的“官军”与东北奥羽越列藩同盟的“叛乱军”为什么会彼此敌对呢？问题的核心在于谁才是天皇的军队。拥有明治天皇的萨、长一方称，会津藩、米泽藩、盛冈藩是“天皇政府的反叛者”，这与对付阿弖流为的手法是一样的。

不过与阿弖流为的不同之处在于，奥羽越列藩并没有打算特别针对“日本国”剑拔弩张。以他们的立场看来，萨、长两藩假拥立天皇之名，行任意妄为之实，并且正因为他

① **奥羽越列藩同盟**：1868年，以东北诸藩为中心，包括陆奥国（今宫崎县、山形县、福岛县之部分地区）、出羽国（今山形、秋田县一带）、越后国（今新潟县一带），联合成立的反维新政府地方政权，最多达到31藩。后来被新政府军打败。

② **佩里来航**：亦称为“黑船事件”。1853年，美国东印度舰队司令官马修·佩里（Matthew Calbraith Perry）率领军舰，在江户湾的浦贺叩关。佩里携带美国总统的国书向江户幕府致意，最后双方于次年（1854年）签订《神奈川条约》（《日美亲善条约》）。该事件标志着美国以武力威吓终结了日本两百多年的锁国时代。

们敌视自己，所以己方更显得是立足于正道之上。如此一来，虽然奥羽越列藩一开始处于防守态势，到后来即使在军事上节节败退，但仍旧持续抵抗。这场战争是在同一个日本国里，正道与正道、两方正义之间的冲突。

形成这种状况的原因之一是江户时代历史思想的发展。在大河剧中，笃姬从岛津齐彬那里得到一本让她感动不已的书——赖山阳的《日本外史》，就是造就这种思想的关键。在剧中，设定为笃姬友人的小松带刀和西乡隆盛，促使他们拥有推动尊王攘夷运动思想的原因，就在于他们读了这本书，在历史上这也是事实。而且奥羽越列藩的许多人也是读了这本书，所以想保护天皇和德川将军，走上了与萨、长对立的政治路线。这个相关的经过其实很有趣，但因为很复杂，有机会再说。

总而言之，若忽略了这本《日本外史》，就无法谈论明治维新。内容开始有点难，曾经盛行一时的唯物史观怀疑是否真有此书的存在，根据世界史的基本法则，明治维新是注定要发生的，并且也发生了。不过历史的性质在于其具有很强的偶然性。例如，你之所以会出生，是因为仆与你母亲结婚的这个偶然之故，说是历史的必然性，或许也可以说是一种神的旨意吧？因为在这样的偶然不断地重叠积累的编织下，人生才得以如此精彩。在这个意义上，明治维新是一场不可思议的革命。为什么说它不可思议？是因为这本书才使得这场把天皇这个在某个时期已经丧失权力的“昔日君王”推向前台的革命能够成功，所以《日本外史》是一本非常重要的书。

从平泉繁盛的时期开始，到赖山阳活跃的19世纪，《日本外史》描述的是属于武士时代的故事。大河剧中的笃姬也说过："现在，我正读到700年前的源平合战。17年（刚好是自己的岁数）真短，太短了。"就算是一个人的人生故事，也是在各种偶然之下的戏剧。历史是数不清的事件组成，并环环相扣影响至今。整理事件的经过，确实地找到现在的我们正处在什么样的位置，学习历史的意义正在于此。背诵年代或人名并非学习历史的目的。

下一节，要介绍《日本外史》这本书。

♠7 对外国的事情反而很了解

节气上虽然已经进入春天，但日阴处的雪还没融化。对着太阳的地方称为“阳”，背着太阳的地方称为“阴”。以山来说，南面因为日照充足所以是“山阳”；另一侧则是“山阴”。日本也用这个说法来表示中国山地的南北。《日本外史》的作者赖山阳[①]因为是广岛出身，所以自己取了这个号。

他的父亲赖春水[②]和叔叔赖杏坪都是优秀的学者，因此周遭的人都期待他成为父亲的后继者，他自己也像是在回应大家的期待，非常努力。不过这也为以后的事埋下隐患。结婚后他的精神陷入不安定状态，终究选择离家出走。或许这正是因为长辈对孩子寄予过度的期待，而使他难以

① **赖山阳（1781—1832）**：姓赖名襄，字子成，号山阳、山阳外史。他不仅是历史学家，也是思想家、汉诗人。

② **赖春水（1746—1816）**：江户时代中后期儒学家，广岛藩儒士。师从尾藤二洲及古贺精里，学习朱子学。

随心所欲走自己的路，反而才能尽失的典型例子吧！仆衷心希望没有给你过多的压力。

这最终导致了父子关系的断绝，家督[①]改由弟弟来继承，不知是否因为卸下了肩上的重担，赖山阳摆脱了年轻时的危机，随后写下了《日本外史》和许多汉诗。虽然在表面上他被逐出家门，但实际上他的双亲，特别是母亲，到最后似乎都与之保持着密切的往来。

好了，让我们来了解一下《日本外史》吧！

这里所谈的是川越藩印刷的版本，称为“川越邸学藏版”。川越就在我们家附近，我们一起去过好多次呢！川越被称为“小京都”，相当名副其实，是个洋溢着日本传统都市风情的城下町。你还记得读幼儿园时的暑假，坐在川越满座的电影院的走道上看《哆啦A梦》吗？不过那间电影院应该已经不见了吧！前阵子我们一起去的时候，在装修得很漂亮的车站的相反方向，过去的商店街很多都关门了，变成了“没落街”。

川越[②]是从东京连接了JR川越线（直通埼京线）、东武东上线、西武新宿线这三条铁路线的交会点，这说明过去这里曾是交通、物流的要冲。源义经[③]真正的妻子，就

---

① **家督**：即嫡长子。该词源于《史记·越王勾践世家》：“家有长子曰家督”。

② **川越**：川越是镇守江户的重要位置，所以此藩历代皆封给担任幕政主要管理者的老中，依序是酒井家、堀田家、松平（长泽、大河内）家、柳泽家、秋元家、松平（越前）家、松平（松井）家。

③ **源义经（1159—1189）**：源赖朝异母弟，日本传奇英（接下页）

是拥有川越（当时的河越）的武士河越重赖之女（后来称为“乡御前”）；至于那位著名的静御前则是源义经的妾。室町时代，川越地区经常发生对战。仅凭这些，就可以知道这里是多么重要的地方了吧！江户时代，川越地区建有与权势显赫的天海大僧正[①]颇有渊源的喜多院，也成为老中[②]名门的谱代大名[③]所治理的领地。因此，这里不仅文化昌盛，藩内也鼓励学问研究，出版了很多书籍。这也正是《日本外史》在此地出版的原因。

《日本外史》的开篇，收录了川越藩儒（藩的儒者）保冈孚于1844年在江户的藩邸中写下的序文。让我们先从这里开始读起吧！

（接上页）雄，日本平安时代末期的名将。协助其兄征服日本全境，最终却由于源赖朝的猜忌，遭到讨伐，最终在奥州自杀。

① **天海大僧正：**喜多院第27代住持。因为天海大僧正的建言，使得喜多院成为关东天台宗的本山，并请天海任住持，后来关东的天台宗寺院几乎都属于喜多院、天海所有。天海曾担任德川家康的谋士，并作为其与朝廷沟通的中间人。他对江户幕府初期的朝廷政治与宗教政策有很深的影响。

② **老中：**是江户幕府的官职名，职位大致与镰仓幕府的“连署”、室町幕府的“管领”相当。老中是征夷大将军的直属官员，负责统领全国政务；在大老未设置的情况下，老中是幕府的最高官职。老中定员四至五名，采取月番制，轮流管理不同事务。原则上从25000石领地以上的谱代大名之中选任。

③ **谱代大名：**指德川家康将丰臣政权移转到关东地区时，授予主要世袭的武将城池与大名封号。1600年，关原之战前即追随德川家康的大名为“谱代大名”。（谱代意指世袭，大名是对领国有控制权的领主之称。）

> 谨按：艺国赖襄所著《日本外史》二十二卷，其所记，起于源氏之创业，以讫极盛至治之今代矣……

这段的意思是，赖襄的《日本外史》二十二卷始于源氏，终于当今的时代。襄是赖山阳的本名。

随后保冈孚介绍了这本书的由来：该书不仅准确地考证了详细的史实，记述的笔法恰到好处，叙述与评论得当，在阐明世间变迁与人心向背的方面也值得称道，所以我们的大名才令我在校订之后出版此书。之后，保冈孚又写道：

> 大抵近日学人文士之弊，晰汉土之迹，而蒙蔽我国之事。彼之历史涉猎是务，而《东鉴》《太平记》束之高阁……至武人俗吏，……甚则至信稗官抵掌之谈，以为论断。其为弊虽异，其误人害事，岂浅鲜乎……

他认为，近来学者们对“汉土”的事知之甚详，反而渐渐对日本的事物毫不关心，连基本的古典作品《吾妻镜》[①]或《太平记》[②]也不看了，却坚信小说里所写的就是事实，

---

① **《吾妻镜》**：日本记录镰仓幕府历史的编年体史书，又称《东鉴》。全52卷，用变体汉字写成，作者不详，所记述的内容跨越了治承四年（1180年）源赖政举兵到文永三年（1266年）宗尊亲王回京。除了幕府的官方记录以外，还大量引用《明月记》等公家日记和古文书。该书是日本最初的武家记录，亦是研究镰仓时代的基本史料。

② **《太平记》**：日本古典文学之一，所涉及的时间由文（接下页）

并以此作为自己的历史知识食粮，抱有这个想法的不乏其人。保冈乎感叹这种现象害人不浅。

你不觉得他说的和现在的情况很相似吗？

所谓的“汉土”，如字面的意思，就是指现在的中国。在江户时代，中国的历史书是必读书籍。《春秋左氏传》《国语》《史记》《汉书》合称为“左国史汉”，此外还有《十八史略》，这些大概都是体面的武士之家、富裕的平民及町人家里会有的藏书。如果是对学问有更积极追求的人，他们会选择更深入的史书，例如《三国志》《资治通鉴》之类，以达到通晓中国历史的程度。然而，当谈到日本的历史时，却完全不读关于镰仓时代或室町时代的一些很基本的书。所以这就是所谓的本末倒置吧。

当时的中国，以现代的视角来看，相当于美国。如果这么比喻，就很容易理解了吧？大家都对美国的南北战争耳熟能详，甚至连林肯那篇著名的演说“民有、民治、民享”（government of the people，by the people，for the people）[①]都为人熟知，但是在同一个时期日本国内发

（接上页）保二年（1318年）至贞治六年（1368年）。全40卷，缺卷22。内容由三部分构成：第一部（卷1—11）由后醍醐天皇即位到镰仓幕府灭亡为止，第二部（卷12—21）由建武新政失败和南北朝分裂到后醍醐天皇驾崩为止，第三部（卷23—40）讲述了室町幕府内部的混乱。本书作者与创作年代不详，一说作者是小岛法师。

① **“民有、民治、民享”：** 此名言出自1863年，林肯在葛底斯堡国家公墓（Gettysburg National Cemetery）的揭幕式中发表的演说，哀悼在长达五个半月的葛底斯堡之役中阵亡的将士。

生的“戊辰战争”[①]，对此一知半解的人却大有人在吧？实际上，某知名政治家也是如此无知，仆对此感到非常惊讶。

不，其实不必限定在历史领域，在你身边应该也有很多人非常熟悉流行音乐、摇滚乐、乡村音乐、古典音乐，但却对日本民谣、歌舞伎漠不关心吧？

在序言的后半部分，保冈乎对此有更深刻的批评。有很多同道中人不是把学问当成职业，反而变成一般读者，引据的内容不是来自《吾妻镜》或《太平记》，而是把以这些书为蓝本创作的小说当成了历史真实来讨论。现在更是完全如此，例如把司马辽太郎等小说家描写战国时代或幕末维新的小说，当作“这个国家本来的样子”的人，老实说，实在是非常多。这并不是说司马辽太郎等人的小说不好，他们的小说大体上遵循了历史事实，而仆只是批判那种解读历史的方式。

如果爱读小说的是一般读者就算了，一旦被称为政治家或是知识分子的人也沉迷于此，实在不是什么好事。保冈乎的感叹也是仆的感叹。

---

① **戊辰战争**：指的是明治新政府为平定江户幕府势力，从1868年的鸟羽伏见之战，到1869年函馆（当时称箱馆）之战期间的战争。1867年，孝明天皇去世，明治天皇即位。1868年（戊辰年）1月3日，天皇发布《王政复古大号令》，废除幕府，令幕府将军德川庆喜“辞官纳地”。随后德川庆喜在大坂宣布《王政复古大号令》非法。1月27日，以萨、长两藩为主力的天皇军5000人，在京都附近的鸟羽、伏见与幕府军15000人激战，德川庆喜败走江户。戊辰战争由此开始。天皇军大举东征，迫使德川庆喜于1868年5月3日交出江户城，至11月初平定东北诸藩。1869年春，天皇军出征北海道，于6月27日攻下幕府残余势力的最后据点五畯廓（位于函馆），戊辰战争结束。

不过，让我们把话题回归《日本外史》吧！

感叹“崇拜中国的日本是被瞧不起的”的保冈孚，在书写这篇文章时使用了何种文字呢？另外，赖山阳的《日本外史》又是用什么文字写成的呢？

虽然仆前面的引用全部都是“汉字训读文”，但原文却都只有汉字，而且其行文顺序与日本语的语序是不一样的。没错，是用汉文写的。不过汉文就是中文吧！

如果用现代的例子来比喻，例如“最近的年轻人只会崇拜美国”这句话，用英语来写更能表达出生气的情绪。如果用大柴亨[①]的语气来说，他会讲成这样吧：

> 不哪，recently的young们只在乎America的talent，对Japan的history和tradition的interest几乎没有哪！真的是比lighthouse的under还dark啊！

问题不仅如此，还有保冈孚提到的“小说成为事实”的弊端，整体而论，他说得没错。不过，《日本外史》本身又如何呢？实际上，赖山阳并没有拘泥于区分历史和小说，甚至为了让场面更精彩，更是笔随心意地自己创作。然而，将《日本外史》当作日本史教科书的人，却认为其中所述尽是事实而深信不疑，也不去读《吾妻镜》《太平记》（其实就算看了这两本书，也可能只是当作“故事”而已），这样形成了历史认知。其实，说真的，现在还是存在这种人的。

---

① **大柴亨：** 日本混血搞笑艺人，说话会英日混杂。

♠8　遣隋使是对等外交吗？

你知道圣德太子[①]吧？在仆的年代，因为他是一万元和五千元纸钞上的画像，所以也成了钞票的代名词。朋友们在一起聚餐时，常会说“今天很不凑巧没带圣德太子，不好意思要让你请了”。现在一万元纸钞上的肖像换成了福泽谕吉[②]，再加上信用卡的普及，就算没把“福泽先生”

---

① **圣德太子（574—622）**：飞鸟时代的皇族、政治家，用明天皇次子，又称“厩户王”。作为推古天皇时的摄政，与苏我马子共同执政。他多次派出遣隋使，引进当时中国的先进文化、制度，订立“冠位十二阶”和“十七条宪法”，意图建立以天皇为中心的中央集权国家体制。同时圣德太子笃信佛教，其执政期间大力弘扬佛教。

② **福泽谕吉（1835—1901）**：日本近代著名的启蒙思想家、明治时期杰出的教育家。他毕生从事著述和教育活动，形成了富有启蒙意义的教育思想，对传播西方资本主义文明，对日本资本主义的发展起到巨大的推动作用，因而被日本称为“日本近代教育之父”“明治时期教育的伟大功臣”。

带出门，也不会变得不方便。只是之后收到信用卡公司的对账单会很恐慌吧……

印在纸钞上的圣德太子肖像画，并不是在他生前画的，而是后世人根据想象创作的。类似于这样的画，在真正的意义上，能否被称为“肖像”，仆对此持怀疑态度。关于古代的人物，历史书上常见的肖像很多也是后来画的，例如孔子和基督的长相，都是后人自己想象的。

不仅绘画如此，连人物被流传的事迹，大致上也都是附加上去的。圣德太子的事迹也是如此，不过这似乎成了最近的研究方向。流传下来的关于圣德太子的故事很多都来自后世的创作，实际上可说与“厩户王”这个人物没有关系。教科书上所写的，圣德太子是订立日本国制的最大功臣的这种说法本身，就可以说是“故事”。

“故事”的构成之一，就是遣隋使这件事。那份著名的国书，“日出处天子致书日没处天子无恙”，对象是中国这个统一国家的隋朝皇帝。因为这个事实记载在中国的史书《隋书》中，恐怕是相当接近事实的。然而，问题在于要如何评价这段历史。日本方面流传下来的《日本书纪》[①]中，在记录这封信时多少更改了字面的意思，并认为这是“隋与日本对等外交的证据”。到了江户时代，这种看法依旧存在，赖山阳先生竟也接受并致力于推广这一历史认知。

---

① **《日本书纪》**：是日本流传至今最早的正史，“六国史”之首，原名《日本纪》。全书用汉字写成，采用编年体，共30卷，记述了神代至持统天皇时代的历史。另有系谱一卷，系谱如今已亡佚。

这种认知是对“汉土”过度崇拜观点的批评（不过如同前一节所述，这种认知本身终究还是用了“汉文”来表达）。也就是说，不要忘记圣德太子的精神，与外国往来的时候要抱着身为日本人的骄傲。

不过遣隋使这段历史真的是这样吗？

那段历史发生在7世纪初期，当时的隋朝与大和之间，在经济上和文化上有着无法想象的差距。依照现在的“主权国家”理论，不管经济、文化上如何贫乏，国与国之间应以平等对待为方针。不过这只是理论上，方针不过是方针，“美利坚合众国”与人口规模仅数十万的小国，说他们彼此一致、地位相同，事实上任谁也不会这么想。隋朝与大和的关系也是如此。况且，当时根本不存在“主权国家”这种观念。

类似于《日本书纪》中关于遣隋使是对等外交的描述，其实是一种虚张声势，写这段历史的人应该也不相信隋朝和自己国家处于一样的地位吧！不过，随着江户时代的到来，虚张声势不再是虚张声势，圣德太子成了伟人，而本书后面会提到的足利义满①被当作是坏人的历史认知，也愈发增强。

---

① **足利义满（1358—1408）**：室町幕府第三代将军。1378年，移居京都室町，正式称室町幕府。1392年，逼降南朝后龟山天皇，结束南北朝对立。明成祖朱棣继位后，派遣使臣分赴四方。足利义满接受明朝封赏，被册封为“日本国王”，并派遣使节献上抓获的倭寇，与明朝正式建立了外交关系。双方签订了《勘合贸易条约》，日本以属国的名义对明朝进行朝贡贸易。

决定了这种演变方向的就是赖山阳。他在《日本外史》之后，还写了一本《日本政记》。但此书之所以没有《日本外史》那样受欢迎，是因为它更专业，依照现在的说法，应该就是学术书吧！与川越的儒者保冈孚先生的观点一致，比起小说般的《日本外史》，仆还是比较喜欢实录式的《日本政记》。

回到前面保冈孚为了《日本外史》写作序文的这个话题。

他说，不管是“文人学者”或“武人俗吏”都应该读这本书。因此，这次我们川越藩决定出版印刷这本书。

《日本外史》之所以以源氏的兴起为起点，现代的观点认为，是因为它是能与秦始皇统一中国相提并论的历史的转折点——比较的对象依旧是中国。如果用当代打比方，结果就会变成：“日本的戊辰战争是一场可与美国的南北战争相提并论的近代史上的重要内战。”不过如果是日本人来写，几乎都会写成：“美国的南北战争是可与日本的戊辰战争相提并论的历史转折点。”

在这里，保冈孚论述了历史的时代划分。源氏兴盛之后，标志着进入了武家时代，直到现在都还维持同样的架构，所以赖山阳才选择以此为起点撰写《日本外史》。此外，在他的时代，根据“汉土”建构的王朝体制，可说与秦朝之初一样。赖山阳对此的着眼点，从以下的分析更能看出中国史书对他的巨大影响力。司马光的《资治通鉴》以周朝的威烈王为起始；司马迁的《史记·世家篇》是从周代诸侯国吴国第一代君主泰伯开始，《列传篇》则是由伯夷开始。赖山阳和这两位司马氏一样，都拥有杰出的“看历史的眼光”，所以《日本外史》从源氏开始。

到这里，保冈孚的序文结束。

♠9 身为“新兴贵族”的平氏

这里还要继续谈《日本外史》。

在川越藩儒的序文之后，紧接着是赖山阳的自序，不过也可以视为已经进入正文。卷一是《源氏前记·平氏》。

《日本外史》描述的是武家政权的时代。因此，整本书由源氏、新田氏、足利氏、德川氏四个部分组成；源氏讲的是镰仓幕府的历史，足利氏是室町幕府，德川氏则是江户幕府，了解吧？这本书的特色就是在其间加入了新田氏。这个架构反映出赖山阳对于南北朝时代的历史观。

同时，这些章节分别做了前记与后记的区分。在历史剧中很受欢迎的战国武将们被归在《足利氏后记》，织田信长和丰臣秀吉则在《德川氏前记》里。整本书以《源氏前记》开篇，该篇讲述的是镰仓幕府创立之前掌握权力的武家“平氏”。

不过，首先需要澄清的是，平家被视为武家的这种观点，是到了后世才被创造出来的历史。尽管现在的教科书也是这样写的，但是平氏是否也认为自己属于武家，仆对此有些疑问。我们一直习惯于以“源氏与平氏（或平家）”的对立关系作为谈论这个时代历史的架构，但是也不能因此认为至今我们看历史的眼光都是模糊不清的。

不过，总之还是先来看看赖山阳先生所描述的故事吧！

全篇第一句“外史氏曰”，就是赖山阳自己的评论；讨论的主题是“日本究竟是何时进入武士时代的”。根据他的说法，很久以前，天皇和皇族会亲自指挥战争，并没有把兵权交给臣下。这是模仿唐朝的律令，将文官与武官分开，以将军为首的军队变成了常态性的组织——赖山阳将引入律令制度的时代称为“中世”。要注意，书中的时代划分与现在的不同。如此一来，社会上产生了仰赖熟习军事的人的风潮，这使得军事专家源氏和平氏开始掌握权势。

关于这段历史的演变，赖山阳说：“未曾不叹王家之自失其权。”也就是说，我们应该认识到，在不可避免的时势推移之下，天皇丧失了兵权，这绝不是他所期望的结果。

赖山阳的理想是，天皇应该亲自身披战袍，以大元帅的身份率领军队；而实现这一理想的就是明治维新。不过从事实来看，这是否就是天皇原本的样貌，这取决于你如何看待所谓的“原本”的历史观，从而出现各种不同的看法。对于“因为本来就是这样”这个说法，希望你能成为大人，确实看透冠冕堂皇主张的表象背后所隐藏的虚伪。

接下来，便是记述历史的正文，请仔细阅读。

> 平氏出自桓武天皇。天皇夫人多治比莫宗，生四子。长曰葛原亲王。自幼有才名。及长谦谨，好读书史，观古今成败并以为自鉴。叙四品，任式部卿。子高见，孙高望。高望赐姓平氏，拜上总介。子孙世为武臣。其旗用赤。

这里谈到的是平氏的祖先（roots）。高望王是桓武天皇的曾孙，脱离皇族成为臣下，作为臣下象征的姓氏“平”，是由当时的宇多天皇赐予的（皇族现在仍旧没有姓氏）。

不过，从这段话看来，就已经隐含了虚伪。如果用“虚伪”这个词太严重，也可以改用“隐蔽”“隐瞒”。因为这里并不是“平氏”的全部祖先。除了葛原亲王以外，从桓武天皇其他三个皇子的谱系中，他们的子孙也有平氏一族。此外，在高见王一系，他的儿子高栋王也是平氏的祖先。[①]

然而，为什么赖山阳只强调高望王的族谱呢？是因为高望之孙平将门是自这一系诞生的。在上述内容之后，平将门成为叙述的主角。

---

① 桓武平氏分为很多支流。其中以葛原亲王流最为繁盛，其他还有万多亲王流、仲野亲王流以及贺阳亲王流。此后，葛原亲王的长子平高栋的后裔又称为高栋王流；三子平高望的后裔则称为高望王流。

说到平将门，他与藤原纯友[①]并称，因其是10世纪前半叶“承平天庆之乱”[②]的主角而闻名。他在关东建立政权，自命为“新皇”，并任命了文武百官，准备与京都的天皇分庭抗礼，最后被堂兄弟平贞盛率军讨伐，中箭身亡。这场乱事从头到尾的经过都记载于《将门记》这部史书里。赖山阳的叙述也是以此书为依据的。

特别值得一提的是，当时的史书都是用汉文写成的。提到平安时代的史书，可能会马上想到《荣花物语》[③]或者《大镜》[④]之类的和文系统的作品。但是严格来说，这

---

① **藤原纯友**：平安中期活跃于濑户内海的海盗。原为贵族，大宰府（主管九州岛一带外交与海防的政府机关）次官藤原良范之子。后来以伊予的日振岛（爱媛县宇和岛市）一带为据点，成为拥有1000多艘船、2000多名手下的海盗首领，且拒不服从朝廷的召还命令。他们掠夺官府财物，进攻赞岐，袭击阿波，势力一度达到九州。最终被警固使橘远保的军队击杀。

② **承平天庆之乱**：平安时代中期，承平、天庆年间（936年与939年）几乎同时发生的关东的平将门之乱与濑户内海的藤原纯友之乱的总称。

③ **《荣花物语》**：描写的是平安时代的贵族生活，部分事件的记载与历史真实有所出入。从宇多天皇治世开始（885年），到摄关政治弱化的宽至六年（1092年），共约200年的历史。以藤原道长去世为界，正编30卷，续编10卷，共40卷，以编年体方式写成。正编的后一条天皇万寿年间、续编中的11世纪末到12世纪初，这两部分确定是由宫廷女性所写，所以在结构和行文方面带有《源氏物语》等前期女性创作文学的色彩。

④ **《大镜》**：平安时代的历史故事，作者不详，以纪传体的方式写成。内容以藤原道长（966—1027）的盛世为中心，从文德天皇（827—858）到后一条天皇（1008—1036）为止，共14代、176年间的故事。《大镜》为“四镜”之始（“四镜”是平安时代后期到室町时代前期完成的四本历史书，还包括《今镜》《水镜》《增镜》）。

些只能算是“历史故事”，而非史书。作者本人应该也是这么认为的。不过，《将门记》或是记录奥州对战的《陆奥话记》[1]，虽然无法考证作者是谁，但以当时武士的学识能力应该写不出这种程度的汉文，恐怕是贵族或是僧侣所写的吧！流传下来的由武士书写的日记或记录的作品，都是江户时代之后的了。前面提到过的镰仓幕府的史书《吾妻镜》，也是由公家出身的幕府官僚负责编纂工作。

将门是“朝敌”，也就是违逆天皇，被当作叛臣来讨伐。这是来自《将门记》的定说。赖山阳也是沿着同样的路线，描写了平将门的傲慢行为及其人生的衰败。不过历史真是如此吗？平将门一系列行为显现出，身为上总介[2]、从关东地区开始培养势力的平高望一族，性格中争强好胜的夺位之心昭然若揭。从他的堂兄弟平贞盛最后将其打败、取而代之建立关东霸权的这个结果也可见一斑。关东地区在京都的贵族们看来，是遥远的未开化之地，那里发生的一切，对他们的生活都不会有直接的影响。他们真正关心的，或许只是关东确实每年按时进贡，而由谁来掌权都无所谓吧！不过也正是因为这样，身为皇室的分支却被认为是麻烦人物的高望王才落脚于此。

平将门之所以成为被讨伐的对象，是因为他想自立，

---

① **《陆奥话记》**：又名《陆奥物语》或《奥州合战记》。成书于平安时代后期，记叙了奥州“前九年之役”的历史，包括陆奥国司源赖义诛杀安倍赖时、贞任之战的始末。

② **上总介**：管理上总国（东海道）的官职。

并且不再缴交年贡。在这场袭名[①]争战中，因为他的对手平贞盛向京都的大人物保证“我一定会按时上缴年贡”，所以才被任命为讨伐平将门的大将。相对于平将门率领的“想要消灭京都天皇的反叛军”，平贞盛率领的却也不是“为了守护天皇、作为正义一方的官军”。不管哪一边的士兵，都是当地土生土长的，而在因缘际会之下就有可能立场互换。

不过赖山阳先生并没有这么明说，所以在他的书中，平将门率领的“想要消灭京都天皇的反叛军”还是遭遇了平贞盛率领的“为了守护天皇、作为正义一方的官军”。至少，他把平将门描写为想要取代天皇、改朝换代的傲慢之徒；相对地，把平贞盛视为对天皇尽忠的将军。由于平贞盛讨伐平将门有功，所以受封镇守府将军、陆奥守，同时这也代表了朝廷认可了他对东北地区的控制权。从此以后，关东和东北地区事实上成为平贞盛的领地，他在这里筑起了自己的势力范围。

在此之后，赖山阳简单地介绍了平贞盛的后代族谱，至第五代子孙平忠盛。而后赖山阳所引用的典据则换成了《平家物语》[②]。你在国语课上所学的《平家物语》主人公

---

① **袭名**：袭用先人的名讳作为自己的新名号。

② **《平家物语》**：完成于13世纪镰仓时代的军纪故事，作者不详。叙述了以平清盛为首的平氏家族的故事，以及平安晚期（1156—1185）两大武士集团“源氏”“平氏”的兴衰史。全书共13卷，以编年体为主，前6卷描写了平氏家族的荣华鼎盛，后7卷着重描述了源平两大武士集团大战的经过，探寻了平氏衰亡的原因。

平清盛[①]，是这个平忠盛的儿子。不过赖山阳根据自古以来的传统，对于平清盛的出身，采用的是“白河法皇落胤说”[②]。

这里仆并不打算详细说明关于平清盛掌握权力的来龙去脉，以及在他死后平氏一门急速没落的过程。赖山阳的文章也几乎只是用汉文改写的《平家物语》而已。相反地，仆在这里想要探讨的是，由平氏发端而源氏继承的所谓“武家政权”这个体系本身的问题。

是什么联结了在平将门之乱与平忠盛、平清盛父子崛起之间的这段历史？的确，平忠盛是讨伐平将门有功的平贞盛的后代，但他们的地盘不得不移到西日本。这么说的原因在于平贞盛的领地是承接平氏之婿源义家而来的。另一方面，平忠盛与关东几乎没有任何关联，他的领地在伊势，因此被称为“伊势平氏”。

---

① **平清盛（1118—1181）**：日本平安时代末期著名武士，在平治之乱中击败源氏，诛杀源义朝，掌握了日本政权，是日本武家政权的鼻祖。他作为日本首位掌握政权的武士，不仅控制了西日本半壁江山，而且积极开展对宋贸易，积聚起了大量财富，并通过政治联姻获得了显耀的地位，使平氏政权盛极一时。1180年，他拥立自己的外孙安德天皇即位。1181年，在各地反抗平氏的声浪中病逝。此后由三男平宗盛接替其位，他疲于应对全国各地接连不断爆发的反抗变乱；加上养和大饥荒的爆发，平氏的统治摇摇欲坠。1185年坛之浦之战战败，平氏灭亡。

② **白河法皇落胤说**：该说法认为，平清盛是白河法皇的落胤（私生子），是平忠盛的养子。白河法皇，即白河天皇。《平家物语》中记载，平清盛的母亲是在怀有白河天皇的孩子后，才被天皇赐予平忠盛。而平清盛幼年时颇得白河天皇的宠爱，也是此一说法的另一根据。

平忠盛后来掌握势力的关键是征伐濑户内海的海盗。换言之，这类似于成为黑社会世界的老大，以自己的财力和军事力量为后盾，就可以把手伸入朝廷中。不过一旦成了贵族，之后便会拼命表现出贵族的样子。《平家物语》里提到家世来历正统的殿上人[①]前辈们想要欺负他却失败的轶事，赖山阳也收录了。在事件中，一边是殿上人前辈们想要借机责难新人，一边是平忠盛想要得到认同、成为他们的一分子而积极作为。平忠盛之子平清盛是法皇私生子的传说，或许也是平忠盛在潜意识中对家世抱有自卑感的缘故。

要说这里提到的家世究竟有何意义，平忠盛的后代平氏一门，并非是“以身为武家为傲”的，而是自诩为“新兴贵族”，以模仿摄关家为目标。以《平家物语》为代表的文学作品，把“源平合战”写得既可笑又有趣，这也是这些作品被广为欣赏并流传下来的原因。

特别是到了南北朝战乱时，大家才开始意识到强盛的意义。当时全国的武士们纷纷将自己的祖先与源氏或平氏扯上关系。当然这些都是虚构的，但这样一来，自己的家族是如此正统武士就成了骄傲的理由。家族旗帜的颜色也随之变化，如果源自源氏就是白色，若平氏则是红色。正如上文的引用，赖山阳也特别写明了平氏家旗的颜色吧！虽然这在赖山阳的时代是常识，但也不见得因为这是常识

① **殿上人：**指日本宫廷中服侍天皇的中级官吏。一般从公卿子弟中挑选相貌端正、聪明机智的贵族少年担任。

而在书中加注一笔；事实上，高望王并没强调这一细节，但读者会因为自己家的小旗[1]与他的旗子颜色一样而觉得感动。

我们小岛家源于桓武平氏。在新潟县本家的族谱中，确实记载了最初的祖先葛原亲王的名字。仆在30年前，正好和你现在一样大，初中三年级时的暑假，看到了这个族谱。如何？下次和爷爷一起去看看吧？

和歌山县立博物馆所收藏的川中岛对战图屏风的中央，在上杉谦信[2]的正后方，挥舞着刀、名为“鬼小岛庆之助”（别名弥太郎）的人，就是我们家的祖先。只是原本就是平家人，拿着红色的小旗也不奇怪，不过在这个屏风上却没有画出来。

本家的这份族谱，在葛原亲王之后，紧接其后的突然就是弥太郎了。写下我们越后小岛氏族谱的祖先们，究竟是不是诚实、不说谎的人，从这里的写法就可以知道了吧？

---

① **旗指物**：武士背后甲胄上插的小旗子，在战场上作为区分阵营之用。

② **上杉谦信（1530—1578）**：日本战国时代名将，原名长尾景虎，因卓越的军事才能而被后世称为“军神”或“越后之龙”。他以尊神佛、重人伦、尚气节、好学问见称，其行为在战国乱世显得很特别。其一生中与关东北条氏康、甲信武田信玄、畿内织田信长等人均有合战。晚年他的领地扩大到越中国、能登国。

♠10 尊王思想与德川幕府的关系

今天是2月7日，在东亚旧历是正月初一，也就是新年。仆今天去横滨的T小学演讲，讲题是“在亚洲之中的横滨”。

说到横滨，因为它是江户末期《安政条约》[①]中的开港地，也是进口西洋物品的窗口，给人“文明进步”的印象。仆在小学社会科上课教到“我们的横滨”时，也是这样的内容：为了运送日本的生丝、绢制品等主要输出品，在产地长野县与横滨港之间所铺设的就是国铁（今JR）横滨线（通过仆现在居住的N町）；幕末的时候，横滨还是荒凉之

---

① **《安政条约》**：又称《安政五国条约》。安政五年（1858年），江户幕府与美、荷、俄、英、法五国签订的通商条约。这些条约规定开放神奈川（横浜）、长崎、兵库（神户）、新潟、箱馆（函馆）五个港口，江户、大坂辟为商埠，可派驻领事；承认西方国家在日本享有领事裁判权；接受协定关税制；给予欧美五国以最惠国待遇。这一不平等条约结束了日本200余年的锁国制度。

地，没多久之后就追上了当时的名古屋，成长为日本第三大都市，也是东京的卫星都市；发展京滨工业地区而得以实现近代化、工业化等。不过，位于多摩丘陵一隅的N町就是大山街道的宿场町，不但用肉眼看不见海，“横滨港”也不在实际的生活圈内。

不过横滨港并不是只对西洋开放，正如已成为那里象征的中华街，横滨也与亚洲其他地区进行贸易，包括商人在内的各色人等都往来其间。今天到T小学演讲，目的在于唤起大家对上述内容的关注，让肩负着日本未来的孩子们，能够认识到横滨与亚洲在历史上的联系。

因为与平常演讲对象都是大学生不一样，不知听众究竟会有什么样的反应，令人非常不安，但没想到举手发问的人数超乎想象，结果还超过了预定结束的时间。

啊！得意的话题就到此为止，让我们进入今天的主题吧！今天想把这个话题和到目前为止所提到的赖山阳的《日本外史》联系起来。

赖山阳生于1780年，也就是进入锁国时代后又过了一个半世纪。当时从外国来到日本的人数微乎其微，而前往外国的日本人更是稀少，关于外国的信息，只能通过书籍文件获得。另一方面，差不多同一个时期，英国发生了工业革命，同时俄国崛起成为大国，那些国家的船只开始出没在日本的沿岸。江户幕府因此被迫采取应对那些船只的策略，1791年，颁布了“若异国船只前来，拘留船只与船员，等候幕府的指示”的政府公告。之后，一时颁布可提供食物与燃料的公告；一时又颁布不可进入日本的港口、要将他们赶走的公告，在那段时间里，政策一改再改。

另一方面，思想领域掀起了一场“尊天皇为日本君王”的尊王运动。成为运动核心的是黄门[①]德川光圀[②]所治理的水户藩，《大日本史》[③]也在此时编纂。赖山阳似乎是因为父亲赖春水的介绍，结识了该书编辑，从而读到了这本书。

《日本外史》是受到《大日本史》以及新井白石[④]的《读史余论》的影响而写下的。这三本书的共通点在于，都主张“虽然现在的天下是由江户的德川将军家治理，但在京都的天皇才是日本原本的君主”这种观点，即尊王思想。

把结论提前到这里来说，在尊王思想上，日本的意识要比邻近的中国和韩国更胜一筹。因为自古以来日本天皇的谱系就延续不断。因此，为了符合“天皇永远是日本的君王”这个公式，镰仓幕府以后的武家政治表现出与日本

---

① **黄门**：日本古代官职“中纳言”的汉风名称。

② **德川光圀（1628—1701）**：日本江户时代的大名，水户藩第二代藩主，德川家康之孙德川赖房的三男。因为担任中纳言（唐名“黄门”）之职，所以世称水户黄门，后来黄门便成为德川光圀的代称。

③ **《大日本史》**：江户时代由水户藩德川光圀主持编纂的汉文纪传体史书，记载了神武天皇即位至南北朝终结的日本历史。其中本纪73卷，列传170卷，志126卷，表28卷，共计397卷（另有目录5卷）。

④ **新井白石（1657—1725）**：名君美，号白石，江户中期的学者、诗人、政治家、儒学学者。1693年，为甲府藩主德川纲丰儒臣。1709年，德川纲丰改名德川家宣，继任幕府第六代将军，新井白石作为近侍辅佐幕政。辅政期间，以儒学思想为指导，进行稳定社会秩序的改革。第七代将军德川家继即位后，他续任辅佐幼君大臣。1716年，德川吉宗即位后，新井白石才告老退休，继续学术事业。著有《藩翰谱》《读史余论》《虾夷志》《西洋纪闻》等。

原本国家形式不同的样貌。

当然，不管是《读史余论》《大日本史》或《日本外史》，甚至包括当时编写的其他历史书籍，都称颂德川家康创立江户幕府的功绩，对他们而言，都认为“现在”的政治体制才是正确的。从这层意义来看，武家政治既不反体制，也不是什么危险思想。然而，根据这些书中的观点，江户幕府统治日本的基础，并非德川家康本人赢得了关原之战，而是基于他尊重天皇，作为天皇的代理人，为日本国内带来和平。可以说，江户的将军是代替京都的天皇来治理天下的。

应该也是因为受到这种思想潮流的影响，在赖山阳青年时代活跃于政坛的幕府老中松平定信[①]也主张将权力由朝廷交给幕府的“大政委任论”[②]。你听过“大政”这个词吧？就是“大政奉还”[③]的那个大政。最后的将军德川庆喜在1867年提出“归还先祖家康受托的大政”，把政权还给了明治天皇。赖山阳的《日本外史》在这样的时代下写成，而后影响了后世。

---

① **松平定信（1758—1829）**：江户时代的大名、政治家。江户幕府第八代将军德川吉宗之孙，陆奥国白河藩第三代藩主。1787年，担任老中，实行宽政改革：重建幕府老中协议体制，推行抑商重农政策，振兴武家纲纪，整顿财政，禁止异学。1793年，改革以失败告终，松平定信辞职。

② **大政委任论**：这一观点指出，将军家受天皇的委任统治这片国土，幕府可以自由地向武士封授朝廷官位，效忠幕府就是效忠天皇，故为“尊皇敬幕”。

③ **大政奉还**：1867年，江户幕府第15代将军德川庆喜把政权交还天皇，标志着幕府时代的终结。

♠J　攘夷运动的走向

赖山阳出于尊王思想，认为日本比中国和朝鲜半岛优越。对于同样肤色、使用同样文字的邻居，便抱着那样的态度，更别说长相、肤色和使用文字完全不同的素未谋面的人，犹有甚之。针对英俄等国船只的前来，为了保护锁国体制，许多基于维护日本文化纯粹性的运动纷纷开始萌芽。

虽然赖山阳本身没有主张走到那一步，但以《日本外史》为出发点，阅读他的文章与汉诗的读者们，却开始了拒绝异国靠近日本的运动——攘夷运动。

1858年的《安政条约》，是根据江户幕府的政策决定而缔结的。当时的大老是井伊直弼①。实际上，在他之前

---

① **井伊直弼（1815—1860）**：江户幕府末期的大老，近江国彦根藩藩主。他在担任大老期间，在没有得到天皇许可的情况下便签订了《安政条约》。1860年，他在樱田门外被倒幕派刺杀。

以老中身份掌管幕府的堀田正睦[1]，为了在变更锁国的条约中拥有权威，还乞求天皇的允许。这是由于大政委任论的影响吧！幕府变得无法独立决定政策的变更。在锁国时代，江户幕府第三代将军德川家光[2]应该没有跟天皇商量过任何事。

堀田正睦亲自前往京都，试图说服天皇和公家，但却失败了。因为京都的朝廷官员都是传统的攘夷主义者，因此不可能否定锁国。井伊直弼就任大老之后，只根据幕府单方面的判断就决意缔结条约。这才是幕府创设以来的常规做法。

另外，也有以“大政委任论”为借口，责难井伊直弼“违背天皇的意思，擅自变更政策实在太放肆”。这一派的

---

① **堀田正睦（1810—1864）**：江户幕府末期的老中，下总国佐仓藩藩主。因其对兰学的偏好和目睹幕府此前为了攘夷而闭关锁国带来的严重问题，堀田正睦积极支持开国。在签订《日美友好通商条约》前，堀田带着条约草案抵达京都，上呈孝明天皇批准。但由于条约内容和《神奈川条约》相比，更为严苛，遭到岩仓具视及中山忠能等88名堂上公家抗议，要求撤回条约。史称“廷臣八十八卿列参事件”。孝明天皇拒绝堀田的请求，表明反对签约。不过最后幕府还是签订了条约，堀田正睦辞职。

② **德川家光（1604—1651）**：江户幕府第三代将军。在位期间，他确立了老中、若年寄、奉行、大目付的制度，并将幕府的现职将军定为最高权力者，强调集权。同时，修订武家诸法度，对诸侯施加参勤交代为义务的规定；垄断长崎贸易的利益，强化天主教压制，并最终确立了锁国政策。

中心人物是水户藩的德川齐昭[①]。他因为将军继任者的问题，在之前就与井伊直弼对立。这个问题的背后，存在着亲藩（以御三家[②]为首的德川将军家族之一）与谱代（例如井伊家、堀田家，从关原之战之前就侍奉德川家康的大名们）结构上的对立关系，加上如西南雄藩一般颇具实力的外样大名[③]也参与其中，形成了复杂的关系结构。

井伊直弼为了打压反对势力，采取了压制政策，造成了“安政大狱”事件。德川齐昭被软禁在家反省。这件事种下了祸根，后来由17名水户藩士和1名萨摩藩士策划执行了樱田门外对井伊直弼的暗杀。在名义上，他们为了不给所在藩带来麻烦，事先都脱藩了。

前文也曾写到，这个事件如果用现代的例子来比喻，类似于袭击了从私人住家出发、每天到官邸上班的内阁总理大臣的专车，并刺杀他，而且犯人还是身份不高的武士们。在日本历史上，虽也有过几次大臣或将军被暗杀的事

---

① **德川齐昭（1800—1860）**：江户幕府末期水户藩藩主。黑船来航事件之后，开始参与幕政，负责海防。1854年，因对签订《神奈川条约》不满而辞职。后在将军继嗣的问题上，主张由一桥庆喜（德川庆喜）继任，与主张拥立纪伊藩藩主德川庆福的井伊直弼对立。1858年，在井伊直弼就任大老后，德川齐昭被幽禁于水户。后病死。

② **御三家**：指尾张藩、纪州藩、水户藩，德川家康生前明定若本宗将军家没有子嗣继承时，则这三家都列为德川幕府的将军继承人选。

③ **外样大名**：指关原之战后才臣服德川家康的大名，如加贺藩的前田利家、萨摩藩的岛津忠恒、仙台藩的伊达政宗。他们通常没有亲藩或谱代大名的权力，又常被幕府监控。由于外样大名的领土多在偏远的沿海，在锁国时期反而最容易跟外国势力结合，成为倒幕的主要动力。

件，但那些都是由身处高位的人物下达命令而后执行的，樱田门外之变是史无前例的（很可惜的是，在日本史上还不算“绝后”。因为在昭和时期发生了性质相似的“五一五事件”和“二二六事件”）。

之后，尊王思想更加声势大涨，在当时的孝明天皇的旨意下，与攘夷运动合体，发展成尊王攘夷思想。大政奉还之后，西南雄藩也促使旧幕府在军事上投降，更以武力压制奥羽越列藩同盟，以正式实现“尊王攘夷”。因此，明治时代的日本确实变成了由天皇治理的国家。“大日本帝国由万世一系的天皇统治之”（《大日本帝国宪法》第一条），所以再也不会出现类似于武家政权的体系了。明治宪法的条文如此宣示。尊王思想至此完全实现了。

不过，另一方面攘夷思想又是如何呢？明治时代不是切断了与外国的往来？进入明治的治世不久后，某人去拜访了过去的老友、现在成了政府里的大人物的前萨摩藩士。“那么，攘夷究竟怎么样了？”

没错，攘夷被遗忘在某处了。萨摩也好，长州也罢，在幕末虽然以攘夷为目标与英国发生过小小的战争，但一下子就输了。尊王攘夷运动的领导者们，才终于觉悟攘夷是不可能的。但是他们还没有就这件事向大家作出充分的解释，就突然跑去倒幕了。一方面，他们曾经对没有得到天皇允许就缔结条约的井伊直弼暗中讨伐，而现在却承继了井伊的政策，但并没因此恢复他的名誉。因为在安政大狱中，倒幕派的许多同伴都遭受刑罚，所以井伊直弼还是敌人。如此一来，樱田门外之变成为明治维新的先驱，应该被视为值得纪念的事件一直纪念下去。

此外，在可远眺横滨市内的港口的高台处，立有井伊直弼的铜像。横滨开港的第一功绩，应该归于他不等天皇的许可便决意缔结条约的决断吧！

♠Q　对南北朝的看法

到这里，让我们总结一下之前的内容。

通过这本书，仆想阐述的是“世界中的日本的历史”。日本这个国家走到今天，并不是只依靠日本列岛，只有与外界交流，才能孕育出现在的日本。此外，也正因为这么做，才形成了历史上包含冲绳和北方领土在内的“日本国”。

过去的“日本史”，无论如何都是以政权所在地，也就是中央的观点来叙事的。因为关于天皇和将军的记述很多，地方政权不但被轻视，东北地区甚至总是成为被“讨伐”的对象。江户时代出现了赖山阳这位罕见的大历史学家，写下了武士时代的通史；在原本应该由天皇治理的日本，说明了武士的生活方式。这也成为导致人心动摇的原因之一，尊王攘夷运动出现，最终击溃了德川幕府。

到了明治时代，“日本是永远由天皇治理的国家”的观点，也被记录在宪法之中，渗透人心。“二战”后，虽然这个观点受到批评，但现在谈到历史，“日本”仍是不言自明的存在，例如“绳文时代的日本”等的说法，并没有被认为是不可思议的，甚至在学校中被持续使用。

日本这个国家，它的形式并不一直与当下一致的原因，前文已经阐述过了。今天要谈的话题也有点类似，但是和之前不同的是，连敬奉天皇的朝廷，在历史上的某个时期也曾分裂为二。在今天的内容中，东北地区便卷入应该归属这两派中的哪一派的争论中。

是的，今天要谈的是南北朝时代的历史。这个时代从各方面来看，都是非常有意思的时代。不过今天要谈的重点，与其说是“事实上的南北朝时代是怎样的？”，不如说是“后世如何看待南北朝时代？”

所谓南北朝时代，如同字面上的写法，是同时存在“南”与“北”两个朝廷的时代。南面的吉野所在的朝廷称为南朝，位于吉野北面的京都的朝廷称为北朝。两个朝廷都有天皇，建立了各自的年号，各自授予公家官位，也各自祭祀神明。

从1336年至1392年，这样的分立状态维持了半个世纪。最后由于压倒性的势力差异，南朝的后龟山天皇前往京都，把三神器[①]交给北朝的后小松天皇，自己以辞去天

---

① **三神器**：指八咫镜、草薙剑（又名天丛云剑）、八尺琼勾玉。在日本创世神话故事中，天照大神将此三种神器授予其孙琼琼杵尊，之后在历任天皇手中代代相传。有一说法，在1185年的坛之浦之战中，拥有平氏血统的安德天皇挟抱草薙剑跳海身亡。（其他两件国器八咫镜和八尺琼勾玉被源氏士兵捞起，而草薙剑则下落不明。）所以，现在热田神宫所供之剑是否为传说中的宝剑，实已不得而知。

皇的方式结束了南朝。也可以说是北朝吸收、合并了南朝。[①]在此之后，南朝虽有一小部分的人持续抵抗，但一般来说，都认为那年是在收拾分裂的局面。

那么，问题是，之后时代的人是如何处理这个分裂时代的？

结局是北朝获得了实质上的胜利，而且后来的历代天皇也全部来自北朝系，从这个层面上，显示了北朝是主流，南朝则是反主流，在那个时代离开家的人在这种情况下应该也都会被逮捕吧！统一之后的认知好像就是那样，而且原本京都就一直统治着北朝，那里留下的文献资料也差不多都是北朝人所写，南朝的历史几乎没有被留下来。

南北朝相当于室町时代的初期。因为室町幕府是在北朝建立的幕府，作为幕府正式的历史认知，以自己所在的北朝为中心来思考，必定是理所当然的。这个趋势在江户幕府创设之后仍然没有改变。

此外，信奉儒教这种麻烦的思想的人，使问题也逐渐变得棘手起来。当时有个学者林罗山[②]，青年时期被德川家康选为政治顾问；直到第四代将军德川家纲的治世时，

---

① 20世纪初期，幸德秋水向当时的明治天皇提出正统性的问题，明治天皇最后作出结论：以南朝天皇为日本的正统，北朝天皇保留名号，但不列入正统。

② **林罗山（1583—1657）**：日本德川幕府初期的哲学家、儒学家，京都朱子学派的核心人物。他对德川幕府创立早期的各种相关制度、礼仪、规章和政策法令的制定颇有贡献。此外他对日本儒学的推展亦功不可没。

他仍健在，所以在幕府的文教行政留下深刻的印迹。因为将军的命令，他以汉文编纂了日本通史，在他之后，他的儿子（林鹅峰）继续完成了《本朝通鉴》。在该书中，林罗山用比对北朝更有好感的方式来写南朝，连年号的记载都采用并记的方式，也写下了南朝的年号。

这是在室町时代不会有的思考方式。可以想到几个理由，其中之一是德川家以新田家的分家自称这件事产生的作用。新田义贞[①]是以南朝忠臣的身份与足利尊氏[②]对战的武将。众所周知，足利尊氏是拥立北朝、创设室町幕府的人物。如果德川将军家是新田一族的后代，当然相比于足利氏，他们也不得不对新田氏极力称颂。恐怕身为御用学者的林罗山，是为了取悦将军家，所以才编纂了尊重南朝的历史书吧！

但应该不仅是这个理由。除此之外，在室町时代不能对将军言说的历史认知，在江户时代由专聘的学者来写下，这可谓南朝的复活。

接下来登场的是前文介绍过的德川光圀的《大日本史》

---

① **新田义贞（1301—1338）**：镰仓幕府末期至南北朝时期的名将，曾经辅佐后醍醐天皇，灭亡镰仓幕府。但后被足利尊氏打败，自刎而死。

② **足利尊氏（1305—1358）**：室町幕府的第一代征夷大将军。原名足利高氏，是镰仓幕府手下将领，后倒戈起兵倒幕，灭亡镰仓幕府，由后醍醐天皇赐名为尊氏。后足利尊氏占据镰仓，拒不回京。1336年，率军攻入京都，拥持明院统丰仁亲王为光明天皇，并受封征夷大将军，建立室町幕府。而后醍醐天皇携带三神器，逃入吉野山，并建立了南朝政权，与室町幕府相对抗。直到室町幕府第三代将军足利义满执权时，才将两朝统一。

与新井白石的《读史余论》,它们展现了一种更激烈的主张。也就是说，南朝才是正统的朝廷，位在京都的北朝，只是室町幕府的傀儡，没有任何意义。

如果他们的历史认知是来自“日本自古以来，由天皇治理才是正道”，那么相较于把政治委托给幕府将军的北朝，天皇自己掌握政权的南朝，则更接近原本应有的形式。特别是在《大日本史》里，明确论述了“南朝才是正统”的立场，这也成为该书的一大特点，并由作者广为宣传。也就是说，类似于林罗山这种更加宽松的历史认知，正是他们的主张。

因而到了赖山阳的时代,《日本外史》下定决心要帮助南朝。新田义贞，还包括同样侍奉南朝的楠木正成[1]，都被褒扬为了不起的忠臣、英雄；另一方面，足利尊氏及其一派，则是被写成违逆天皇的恶人。

并不是只有赖山阳一个人这样写，在他的时代，尊王思想与南朝正统史观已经融为一体，在文学作品的世界里也已经是社会普遍接受的概念了。和赖山阳同时代的还有以《八犬传》闻名的泷泽马琴，他也写了褒扬南朝的小说（详情可见《足利义满：消失的日本国王》[2]，有兴趣的人请自行一读）。

---

① **楠木正成（约1294—1336）**：镰仓幕府末期至南北朝时期的名将。其一生竭力效忠后醍醐天皇，在凑川之战阵殁。他与真田信繁（真田幸村）、源义经并称日本史中三大“末代”悲剧英雄。

② 光文社，2008年。

♠K　忠君爱国与民主主义教育

足利义满是个不幸的人。他为南北朝的分裂画上了休止符，实现了“日本”的重新统一，原本应该被尊敬吧！然而，因为以他臣下的身份，对南朝或北朝皇氏都态度不敬，这让他成为引起强烈非议的人物。这样的历史认知，深植于江户时代后期，成为明治维新的原动力、明治国家的教育规范。

在历史上的人物中，足利义满及其背叛了后醍醐天皇并创立北朝的祖父足利尊氏这样的人物，备受批判。帝国百姓要对天皇尽忠、保护日本国到最后时刻，这是明治时代被设计作为忠君爱国教育的目标。因此导致了完全不尊重孩子的个性与人格，完全以“为国家”为目标的后果。

当时学校里的历史课时间，对学生洗脑，告诉他们日本这个国家的成立，是从《古事记》[1]和《日本书纪》[2]所写的传承开始，即是建国的神话。

没错，是神话。提到神话，一般认为它是与历史的事实不同、实际上并没有发生过的事。例如希腊神话、日耳曼神话，都是在各个民族中长久口述流传、关于遥远的过去众神所发生的故事，不管哪一种神话都不是历史真实。日本神话也是一样，但是日本却把这种神话作为事实，在学校的历史课时间里教给学生。

如果要问为什么会这么做，那是因为要教育孩子们，日本从过去到现在，国情（国体）一直都是以天皇为君主的形式。你的爷爷辈们,在小学时被教的也都是这样的“历史”。但是当“二战”战败后，因为驻日盟军总司令批评“这种偏颇的教育是造成日本军国主义的原因”，神话于是从学校教育中被排除了。日本的历史不再从神话开始，而是变成从石器时代的原始人的生活开始，不过这也算不上是历史事实。

---

① **《古事记》**:奈良初期所编纂的天皇家神话。分为上、中、下三卷，叙述从神武天皇到推古天皇，以天皇、皇子们为中心的故事和系谱。是日本最早的历史书籍，内容多有私人故事，带有皇家私藏故事书的性质。

② **《日本书纪》**:日本流传至今最早的编年体正史，共30卷，为六国史之首（《日本书纪》《续日本纪》《日本后纪》《续日本后纪》《日本文德天皇实录》《日本三代实录》)。由舍人亲王等人所撰，720年完成，记述了神代至持统天皇时代的历史。全书以汉文书写。后来与《古事记》并称为“记纪”。

在公元四五世纪的大和朝廷成立时，天皇终于以朝廷君主的身份出现了；但在那个时候还不称为天皇，而是叫做“大王”。因为当时还没有“天皇”这个称号，所以才被称为大王。尽管显得啰唆了，但这是历史事实。仆的立场是尊重这个事实。

不过，因此你们完全不知道日本神话也没关系吗？《古事记》《日本书纪》出现以来，过去的人们以日本神话是“历史事实”为前提而生活、思考。例如，要理解平安时代的人的行为，就必须确实站在他（她）笃信日本神话这个前提上来思考。也就是说，为了认识属于历史事实的平安时代，必须要了解非历史事实的日本神话。

可能有点拐弯抹角难以理解吧！仆想要说的是，“日本神话不是历史事实。但是要理解过去的人们所经历的事，我们就不得不去了解日本神话”。

因此，在下一章，不是从石器时代开始展开日本的历史，而是要从神话开始谈起。这么一来，神话在实际的历史上发挥了什么样的作用，换言之，仆想具体谈论的是，以神话存在论为基础的日本历史是如何进行的。

赖山阳以日本神话为前提，在《日本外史》写下了武士的时代。如前所述，他是用日本原来的国体偏离时代来描述武士时代的。因为这本书在幕末被广为传阅，使得许多武士投身于旨在恢复日本原本样貌（赖山阳所设想的样子）的尊王攘夷运动。明治维新也正是因为有这股力量才得以实现。

此外，正如同刚才所说，被神话洗脑的人，成了“皇军”（天皇陛下的军队），到海外征战。结果就是造成“那场战争”。

作为与我们生活的“当下”息息相关的课题，你们也有必要确实理解日本神话。你了解了吗？

心之章

♥A　纪元节神话是什么？

今天是2月11日建国纪念日。仆在小学一年级的时候，某个老师曾经这样“训示”：“数年前，政府决定了建国纪念日为假日。虽然我们强烈反对，但是没有用。我曾经对你们说过，这个日子没有任何的意义。这是乱说的。你们要在了解之后才放假。”

现在，仆也想要对你们说一样的话。

不过，早上的《产经新闻》刊登了一篇与仆想法相异的社论。那篇文章的主旨是，建国纪念日虽然可能没有历史上的依据，但是我们可以怀念确定这一天为纪念日的明治时代，并在这一天思考日本的过去与未来。这也是一种看法，但重要的在于“建国纪念日虽然可能没有历史上的根据”这句话。

从明治时代到1945年，这个日子被称为“纪元节”，意思是日本国的生日。而将2月11日定为纪元节是在1873

年，即明治六年。在此之前，日本国的生日都是正月初一。另外，从这年开始采用公历，而根据东亚旧历，正月与1月之间会有误差。因此，在此之前正月初一国家生日的行事历，就和这个日期错开了，这也可以说是到了幕末维新时期所创的新传统吧！

旧历的公元前660年的正月元旦，神武天皇即位。根据计算，这一年的元旦在公历里正好是2月11日，所以就定这一天为纪元节。1889年（明治二十二年）也在这一天发布《大日本帝国宪法》[①]，当然是特地选在纪元节那一天发布。明治天皇之所以这么做，是想塑造出媲美神武天皇的伟大天皇的形象吧！

神武天皇本名神日本磐余彦尊，生于宫崎县。他之所以在宫崎县出生，是因为曾祖父天津彦彦火琼琼杵尊[②]从众神居住的高天原降临下界，选定宫崎县的高千穗居住。琼琼杵尊是受到祖母天照大神[③]之命降临下界，被称为“天孙降临”。当时，他还从天照大神那里得到了祝福的话：“宝祚之隆，当与天壤无穷者矣。”（《日本书纪》）当时可能都

---

① **《大日本帝国宪法》**：日本基于近代立宪主义而制定的首部宪法。通过这部宪法，幕府制度被正式废止，以天皇为核心的近代官僚制度得到了确立，规定国家的统治权由天皇直接统揽。

② **天津彦彦火琼琼杵尊**：《古事记》里写作迩迩芸命，也称迩迩芸尊。

③ **天照大神**：是日本神话中高天原的统治者与太阳神，是神道教最高神。她被奉为今日日本天皇的始祖，天皇是天照大神万世一系之神裔的说法正是源于此。其主要祭祀地是伊勢神宫，以八咫镜为神体。

是用汉字写下的，前半句的意思是我们一族为王，兴盛繁茂；而“天壤无穷”的意思则是像天地般无穷尽吧！

根据《神皇正统记》这本书所写，琼琼杵尊似乎统治了天下308 533年。像仆这样45岁就已经逐渐老化的人，活30万年简直无法想象，但若是神的话，30万年左右应该是稀松平常吧！

琼琼杵尊的两个孩子，就是知名的海幸彦与山幸彦。如同名字上的意思，两人各有自己的领地。当时，兄弟两人说好互相交换狩猎和捕鱼的场所，弟弟山幸彦向哥哥借了重要的钓钩，但钓钩却被鱼吃掉而不见了。结果哥哥因此责怪他，不知如何是好的山幸彦后来得到了海神之女丰玉姬的帮助，于是两人结为连理，打败了海幸彦，继承了父亲琼琼杵尊的地位。另外，丰玉姬其实是龙，在生产的时候，因为龙身的样子被看见而感到羞愧，最后回到海中。你妈妈如果离开，仆一定会悲伤得马上活不下去吧！不过神不愧是神，即使在这种痛苦的情况下，还能治理这个国家638 972年。山幸彦的正式名称是彦火火出见尊。

彦火火出见尊与丰玉姬所生的儿子叫做卢兹草葺不合尊。他治理这个国家长达830 643年，是最长的纪录。

他的第四个儿子是神日本磐余彦尊，后来被称为“神武”，这是在历代天皇全部都采用了像中国皇帝一样的称号时才追封的。不过，因为一般都用唐制的谥号来称呼天皇，所以本书以下也沿用这个方式。

当时，神武突然发现，“自从曾祖父从高天原降世以来，自己所居住的地方，竟然是在这个国家非常靠西边的位置”，所以他觉得应该在正中间的大和之地设置首都才对。因此，他找来兄弟、家族和家臣们商量。结果大家异口同声决定“东征”。

在同一个国家里，为什么用征服的“征”这种充满动荡不安感的字来表示呢？不过实际上，神武一行正走上苦难的路途。特别是在大和之地有个叫做长髓彦的人，他和神武不同，是由来自高天原的神之子孙所拥立的。于是他激烈地抵抗神武的军队。天照大神则从高天原远眺两军对战的情况。不愧是高天原的神，果真是长生不老吧！因为从他的孙子琼琼杵尊降到地上，已经过了1 782 468年了。

总之，在天照大神的指示下，八咫乌引导神武的军队，大败长髓彦。日本国家足球队的徽章，就是以这只八咫乌为装饰。

因此，神武天皇便定都于大和的橿原，以初代天皇的身份即位。这就是日本国的开始。不过，该怎么说才好呢？创造如此伟大功绩的神武天皇，在位仅76年就驾崩了。听好了，他并没有像他的父亲卢兹草葺不合尊一样统治“76万年”。在此之后，神武的儿子、第二代的绥靖天皇在位33年、其孙第三代安宁天皇在位38年，继位的都是短命的天皇。

尽管这些天皇较于先祖短命，但很有趣的是，他们都是在父亲年轻时候出生的；而神武天皇是其父的第四个儿子，在他51岁时父亲过世，也就是说，卢兹草葺不合尊至少是到了836 000岁才有小孩。另外，绥靖天皇是神武天皇80岁左右时生下的孩子；安宁天皇则是绥靖天皇65

岁左右才有的孩子。尽管是这样的年纪，和我们这等凡人相比，也还有相当充足的岁数去生小孩吧！

从此以后，天皇家一直都有后代继承，直到第12代的景行天皇。

❤2　从宗教谈日本古代史

你该不会没把昨天的话当真吧？

原本庆祝纪元节的人，也许相信“神武天皇从日出之国东征……”，但这的确就是宗教。这和在公历中所谓“自神以人之子的样貌现身人间迄今第2008年[①]”的意思是一样的。不过因为是宗教，想要相信的人，信者恒信，他人没必要多管闲事吧！天神的子孙为什么会变成人类？八十万岁又如何有小孩？为什么寿命突然变短了？这些“合理”的疑问，全都没有意义。如同西方思想家德尔图良（Tertullianus）所说：“因为荒谬，所以信仰。”（*Credo Quia absurdum.*）

不，其实不需要任何事都引用西方人的说法。活跃于

① 日文原书初版于2008年。

18世纪的学者本居宣长[①]，也说过“惟神”。对于大肆宣扬各种道理并想以此进行合理说明的同行来说，“神就是神，不是我们这等凡人能摸着边际的”。因为古代的记录是这样写的，所以就信了吧，这就是所谓的宗教。

继续从宗教的角度来看日本古代史吧！

第12代的景行天皇有几个皇子，其中有一位被称为日本武尊，武艺超群，只身征讨位于九州岛、违逆天皇的熊袭族[②]。熊袭族的土地就在神武的出生地日向的附近，但经过数百年之后，形势似乎已经改变。后来，他又远征东方之地，也在那里立了大功，但最后却因为桀骜不驯的态度，受到山神的惩罚，丢了性命。因此，皇位就由弟弟成务天皇继承。

但是因为不少人对日本武尊抱有敬意和景仰，所以在成务天皇之后，由日本武尊的儿子继位，是为仲哀天皇。从这里开启了由不具亲子关系的人继承皇位的先河。在此之后，不仅是亲子、兄弟、堂兄弟之间，有时甚至还可能由血缘关系相当远的人来继承，皇位继承的原则已经改变。

所以，历史学者从很早之前就开始认为“神武以来的

---

① **本居宣长（1730—1801）**：日本江户时代的思想家、语言学家，日本国学的集大成者，与荷田春满、贺茂真渊及平田笃胤并称为“国学四大名人”。长期钻研《源氏物语》《古事记》等日本古典作品。其古典研究，运用实证的方法，努力按照古典记载的原貌，排除儒家和佛家的解释和影响，探求“古道”。提倡日本民族固有的情感“物哀”，为日本国学的发展和神道的复兴确立了思想理论基础。

② **熊袭族**：古代居住于九州岛南部的熊袭地区的原住民。熊袭是《日本书纪》中对该族的称呼，在《古事记》中写作“熊曾”。

直系相承，是在很久之后才被设计、编造出来的故事”。也就是说，神武天皇是虚构的人物。仆也是这么认为。直到现在，宫中仍将神武天皇作为首任天皇进行祭祀，日本政府对外也称神武天皇是首任君主。当然，这也包含了祖先是天照大神的说法吧！从这个意思看来，日本和自称承袭了自圣彼得以来传统担任“神的代理人”的梵蒂冈没什么两样。而梵蒂冈的君主，就是罗马教宗。

好不容易继承了皇位的仲哀天皇，却因为不信神的旨意——“在海的另一边也有陆地，是宝藏之国，去征服它吧”——而突然逝世。仲哀天皇在位仅9年，是当时天皇在位时间最短的纪录。

在这种紧急状态下即位的是神功皇后。现在她并没有被记入天皇世系的年表中，但是在江户时代，她曾被列为“第15代”天皇。从这个层面看，她是历史上的第一位女帝。她虽怀了仲哀天皇的孩子，但是为了实现神的旨意，在祈祷暂时不要分娩之后，她就出发征讨海的另一边。海的另一边是三韩之国，也就是朝鲜半岛。那里的国王畏惧她的威势，向她宣誓臣服。之后，朝鲜半岛上的各个国家，固定向日本国朝贡便成了常规。

谈到这里，为了不让你误解而需要先说清楚的是，仆并不相信这个“宗教”。只是因为有那种建国的说法，所以才向你说明。

回到九州岛的神功皇后，顺利地生下一个男孩，而其他女性所生的仲哀天皇的皇子，在大和企图谋反。虽然从宗教的角度这么解释，但是仆认为，若真的有这样的史实，实情应该是和上述所说相反，应该理解为：对于本来应该当上天皇的皇子而言，继母神功一方才是谋反者。这虽然是九州岛的军队讨伐大和的原住民势力，但也可以视为神武东征的再版。神功的东征正是以神武东征的模式进行的，也有人认为两者是相同史实的两种不同传说。加上因为神功的形象本身似乎总是被以卑弥呼[①]为范本来塑造，所以这个事件也被联系到邪马台国前进东方一事上。

总之，神功皇后一方打败了敌人，压制了大和。在她死后，其子即位，是为应神天皇。水户藩的《大日本史》不承认神功皇后的即位，将她从天皇年表中移除。这点与前面所介绍的"南朝为正统"，并列为《大日本史》的三大特色之一（第三个特色是承认之后登场的大友皇子的即位）。之后直到现在，神功皇后只单纯被视为皇后，而非女帝了。

所以，虽然让人不知道应该称应神天皇为第16代，还是第15代，但差不多从这个天皇开始，这个"宗教式"的记录，就开始接近史实了。更有人认为，应神天皇才是大和朝廷最初真实存在的君王。或者根据东征传说，一扫这之前大和的崇神天皇的系统王权，认为应该改视为征服

---

① **卑弥呼（约157—约247）**：日本弥生时代邪马台国的女王，在《三国志·魏书·东夷传》中有关于她的记载：239年，派遣难升米向魏明帝进贡，获赐亲魏倭王之金印。但在《日本书纪》和《古事记》中都没有关于卑弥呼的记载。邪马台国的位置问题，都尚在争论中。关于卑弥呼究竟是谁，学界说法不一，有天照大神说、神功皇后说、倭姬命（第11代垂仁天皇的皇女）说等。

者才对。从这时候开始，这个“宗教”所传下来的古老记录，则开始描绘为争夺皇位而充斥着血腥的混乱争端，而且突然就变得像人类的行为，也可以因此推断这在某种程度上应该是反映历史事实的吧！

的确，从天孙降临到神功皇后征讨三韩，这种神话般的故事，与应神天皇以后的大和朝廷的政治事件记录之间，在传承内容上有实质上的断层。就这样，终于以“日本”为名的国家组织开始出现了。

❤3 《古事记》也以汉字写成

今天有来自中国的客人，和我们一起吃午饭。招聘的是东京大学史料编纂所的K先生，所以他也一同列席。（多谢招待！）

K先生的工作是编纂日本历史的年代记，称为《大日本史料》。其中第一篇是从平安时代的宇多天皇开始。你知道为什么吗？

理由是在平安时代“六国史的延续”编纂工作中断了。“六国史”在初中应该还没有教到吧？但是在高中的日本史教科书里确实有写到。引用如下：

> 以《日本书纪》为始，由朝廷进行的历史编纂持续到平安时代，编了《续日本纪》《日本后纪》《续日本后纪》《日本文德天皇实录》《日本三代实录》六本汉文正史。这些总称为“六国史”。

这段引用来自高中教科书《详说日本史B》(山川出版社，2006年文部科学省检定版)[①]。之后引用高中日本史教科书的时候，都是从这个版本而来。(另外，教科书卷末写了12位作者的名字，不过仆认识其中的8名教授，不好意思地在此忍不住自傲一下。)

前文所引用的关于《日本书纪》的记述，是注释的后半段。720年写就的《日本书纪》，需要补充说明，是“以惯用的中国体裁，用汉文编年体方式写成”。借此机会，也引用一下注释的前半段吧!

> 根据神话、传说或是“帝纪”、“旧辞”，从神代开始到持统天皇为止的历史是以天皇为中心。因为其中也有部分是根据中国的古籍和编纂当时的法令写成，虽然有慎重检讨的必要，但仍是古代史的宝贵史料。

“帝纪”[②]和“旧辞”[③]是在前文中用来说明介绍《古事记》的用语。通常前者是指天皇(严格来说是“大王”们)

---

① **山川出版社教科书:** 日本中学的教科书由多家出版社自行编写，再经文部科学省审定。约有三分之一的学校采用山川出版社编写的教科书，因此作者于本书中提及的教科书内容皆是取自山川出版社的版本。

② **帝纪:** 记录皇室家谱、代代口耳相传之事迹等内容，以天皇为中心写成的系谱，是《日本书纪》和《古事记》(合称“记纪”)二书的编纂蓝本。

③ **旧辞:** 日本古代口传的神话、传说，是“记纪”二书资料来源。

的纪年史；后者是大和朝廷的氏族们传承记录的内容。在前文中提到《日本书纪》“以惯用的中国体裁”，把它与并不是用那种形式写成的《古事记》来作比较，就可以显现出差异吧！前面也写到过，当时的一般感觉，并不认为这是配合“中国”（所谓在外国流行的异文化），而是配合“国际标准”（global standard）的体裁。

现在一般提到《古事记》和《日本书纪》会依这样的先后顺序，在历史的教科书里也是如此。从完成年代来看，也的确是这样的先后顺序，虽然《古事记》仅仅早了8年完成。不过原本为什么在同一个时期，非得根据相同的资料（“帝纪”和“旧辞”），完成两种史书的编纂不可呢？

因为两者的文体不同。如果借用教科书的写法来说，《古事记》是“用汉字的音读和训读来表示口语式的日文”。相对地，《日本书纪》则是用当时的国际通用语言“汉文”写成的。因此，自18世纪的本居宣长之后，一般都根据这点认为，《古事记》才是以原本的形式正确地传达了日本自古以来的传说的书籍。若是以汉文写成，就是“根据中国的古籍和编纂当时的法令写成的文章”，恐怕会有偏离当时的情况之虞。

或许的确是如此。5—6世纪的大和朝廷，大王和豪族们是不会像《日本书纪》中所记载的中文那样谈论政治上的话题吧！而在本居宣长这些注释者们的努力解读下，《古事记》那种古代日文应该才是当时的人们会说的话。

不过，请等一下！你认为《古事记》是用日文写下的吗？至少像平安时代的“假名文学”[①]，也就是用与前文提到过的《荣花物语》《大镜》完全不同的表现形式写的。《古事记》编纂之时，“假名”还没有被发明，因此，全文都是用汉字写成的。

在教科书里也有记载《万叶集》[②]是用“万叶假名”写成，不过只有《古事记》是“用汉字的音读和训读来表示”。如同刚刚所说，这个写法是为了对比完全用汉文写成的《日本书纪》，以显现出两者的差异，但是实际上，《古事记》还是“汉文”。两者相较，《日本书纪》里的是中国人都能大概读得懂的汉字；而《古事记》则是对日本文法不了解的人就无法读懂的“汉文”，差别只是在这里而已。

平安时代也是“假名文学”兴盛的时代，但公家的日记则是用“汉文”来写。所以你看，在《土佐日记》[③]的

---

① **假名文学**：平安初期的日本文学，采用以平假名和片假名来取代汉字的表音文字，例如：安→あ、以→い、宇→う、衣→え、於→お；阿→ア、伊→イ、宇→ウ、江→エ、於→オ。平假名是将汉字变形而成，片假名则是取汉字字形的一部分。

② **《万叶集》**：是日本文学史上现存的第一部和歌集，享有“日本之《诗经》”的美誉。所收诗歌自4世纪至8世纪中叶长短和歌，成书年代和编者，历来众说纷纭，但多数为奈良年间（710—784）的作品。全书共20卷，收录4500多首诗歌，分为杂歌、挽歌、相闻歌等，涉及行幸游宴、狩猎旅行、婚恋思归、悼亡追忆、四时风物不同主题。

③ **《土佐日记》**：平安时代的日记，作者纪贯之，记录从任职期满的土佐回到京都的55天之旅记。因为当时男性都是以汉文书写，所以作者假女性之名，以平假名写下这本日记，是日本文学史上首部日记文学、假名日记，平安时代假名文学的先驱，对日后的假名日记文学、随笔、女流文学有深远的影响。

开头，就写了："男人会写日记这种文章，女子我也来写写看吧。"不过公家的"汉文"，如果让中国人来读，会觉得文章中有很多奇怪的表述和用字，所以被称为"和风汉文"。

但这可不仅出现在平安时代而已。在后来的时代里，战国时代的大名们所发布的文书，很多都不混用假名，只用汉字来写。不过到了这个时候，这种文字怎么样也不能够称作"中文"了。

如果看《大日本史料》，便会发现里面引用的史料很多都是"汉文"。你们在历史教科书里看到的史料，很多也是将汉文改写成普通的日文形式后才被引用、说明的。刚好仆在前文中也是以这样的方式来介绍赖山阳的《日本外史》。不过，这都需要研究者努力地将中国人看在眼里都很奇怪的汉文改写成普通日文，我们才能看得懂。

❤4 本居宣长的主张

今天是2月14日情人节。谢谢你的巧克力。虽然是义理巧克力[①]，但还是很开心。这个日子在我们家电视上方的日历上，也用日、英、中、韩各国语言标示出是特别节日。你看到今天的日历了吗？日文当然是写“バレンタインデー”[②]，英文版是用英语写，韩文版则是用朝鲜文字标示英语发音，但是中文……是写“情人节”。“节”是表示“(某个特殊的)日子”的汉字，前面说过，日本在“二战”前也是有“纪元节”这个说法吧！“节”的前面所用的“情人”，从日文来看是令人有点脸红心跳的字眼，但在中文里是普通的“恋人”之意。顺带一提，因为“爱人”是“妻

---

① **义理巧克力**：情人节当天送给没有爱慕之意、非情人的其他人的巧克力称为“义理巧克力”。

② **バレンタインデー**：日文用片假名写出英文Valentine’s Day。

子”的意思，所以你妈妈是仆公认的“爱人”！（不是应该要大肆宣扬吗？）

言归正传，距今250年之前，在伊势神宫附近的松坂之町，出现一位名叫本居宣长的医生。他在家业之余忘情于和歌的创作，甚至兴趣凌驾于本业之上，他变得更加忘情于日本古籍的阅读。在偶然的机会下，他去拜会刚好路过松坂的知名学者贺茂真渊[①],并成为他的弟子。不久之后，他在完成了《源氏物语》全文注释的大工程之后，接着开始挑战难以理解的《古事记》。《古事记》与用假名写成的《源氏物语》不一样，首先要如何用日文来阅读原文就是一大难关。但由于他卓越的判断力加上不懈的努力，终于完成了这项前人未竟的伟业。他对《源氏物语》和《古事记》的注释，即使到了现代，依旧是古籍方面的权威。

本居宣长在出版《古事记传》之前，一般都认为《日本书纪》的地位比较高。因为《日本书纪》不是奇怪的和式汉文，而是确实以汉文所写成的书籍。江户时代的《本朝通鉴》《大日本史》《日本外史》也都是用汉文写成的，也是因为这点。而《日本外史》被幕末的学校广泛使用，扮演着高中生日本史教科书的角色。如何？请想象一下，你们的历史教科书变成用汉文写的。

---

① **贺茂真渊（1695—1769）**：江户时代著名的国学大家、歌人。其致力于以《万叶集》为中心的日本古典研究，主张和歌应以“万叶调”为根本，确立了和歌发展的主流。著有《万叶考》《歌意考》《国意考》。

不过，这样想就错了，如同前文所说，当时的汉文就像现在的英语一样，所以如果教科书全部是用英语写的话……

虽然有点离题了，但是根据《安政条约》，开国之后，日本人如果具备了西洋的学问，我想这点对工作是很有利的。因为仅从可以将至今为止所模仿学习的汉文换成英语或德语这点来看，都会庆幸有学习汉文。实际上汉文与英语或德语在词序上有相似之处，在学习英语的时候，似乎可以用跟汉文一样的断句来读。幕末的学者都会写汉文，所以他们之所以能够很快学会用英语或德语来写文章，应该也是托此之福吧！不仅是幕末，到了明治时代也是一样，例如著名的森鸥外[①]、夏目漱石[②]，他们在学习德语和英语之前，都接受过完整的汉文教育。

回到正题，本居宣长重视《古事记》《源氏物语》这些日本古籍之中的“情感”。《古事记》是直接描写古代的神与人类之间的真实情感，而《源氏物语》则是写下“物

---

① **森鸥外（1862—1922）**：日本小说家、评论家、翻译家，是20世纪初明治维新之后日本浪漫主义文学的代表人物，他与同时期的夏目漱石、芥川龙之介合称为日本近代文学的三大文豪。他曾留学德国，深受叔本华、哈特曼的影响，著有《舞女》《阿部一家》等。

② **夏目漱石（1867—1916）**：日本近代著名作家。他对东西方的文化均有很高造诣，既是英文学者，又精擅俳句、汉诗和书法。他坚持现实主义的创作方法，其作品具有强烈的道德意识和对现实的深刻批判，并且对个人心理的描写也精确细微，开启了后世私小说的风气之先。著有《我是猫》《三四郎》《心》《从此以后》等。

之哀”[1]的小说，所以说非常重要。

这些都没有受到来自中国的思想，特别是经过儒教润饰之后的想法的影响，是纯粹的日本思想。与“汉心”相对的即是“大和心”。《日本书纪》因为新来的儒教思想，内容被重新改写了。本居宣长认为，这不仅是单纯的内容问题，也是无法逃避的情况，由于过去日本的欠缺，所以只能采用汉文这种外来文化的表现方式。而且如果想要知道古人对事物的想法与感受，也就是他们的“情感”，他主张要用《古事记》原本的语言声音，而不是用汉字表示的文字发音，因此以古代日本语的发音来解读是必要的。

另一方面，这也是合理的主张。即使现在的学术领域，日本古籍的研究也是以这种本居宣长的风格开展的，这是因为这种做法被认为是正确的吧！日本的古籍应该就要用日文来思考，所以有一种见解认为，就算用汉文写，也应该用日文来读。因为日本史教科书的编者也抱有这样的想法，所以才将原本用汉文写成的史料，全部采用训读的方式改写后再引用。因为汉字终究只是借来的，既然可以用

---

① **物之哀**：理解平安时代的王朝文学的重要文学与美学概念之一。“什么是‘物之哀’呢？其实，这个词的含义也是相当暧昧朦胧，不容易具体解说的。大体言之，‘物’是指客观对象的存在，‘哀’则是代表人类所秉具的主观情意。当人的主观情意受到外在客观事物的刺激而产生反应，进入主客观融和的状态，即呈现一种调和的情趣世界；而这里所谓情趣世界，所包含的范围是相当广大的，举凡优美、纤细、沉静、观照的观念都可算作其中一端。”引自林文月译，《源氏物语》（洪范书店，1982年修订版），序言。

假名来表示，那么混合了假名写成的文字还比较“像日文”的。

不过，真的是这样吗？

仆不太清楚什么才是正确的。因为日本不是中国，所以日本人写的文章，即使用汉文来写，也应该可以用日文来读，这说法的确有一番道理。然而，古籍史料实际上是汉字排列组成的，最早应该是没有标示应该怎么读。“用日文来读”这种处理方法，只不过是读者的一种解释而已。什么才是正确的，似乎出现这个问题本身就是错的。困难的话题到此结束，不过下面要再强调一点。

那就是汉字所具备的造语能力。

Valentine’s Day的对应中文是“情人节”，你不觉得这是非常了不起的语言吗？这三个字完全看不到这个节日的词源天主教圣人的名字。但是现在我们在这个日子里交换巧克力，令人忧喜参半的是，今天完全不是为了纪念这个圣人，单纯只是“为了恋人们的日子”。8世纪的大和朝廷里的“史料编纂所的老师”，便注意到汉字这个了不起的能力，并用以写下“日本国”的历史。然而，18世纪的伊势学者却对这种做法影响了日本的纯粹性而感到愤慨。那么，要加入哪一方才好？就由你自己来判断了。

❤5　对史料的看法

这里从之前已经提到的《大日本史料》开始谈起。为什么《大日本史料》会接在“六国史”之后呢？原因在于《大日本史料》的编纂工作是以承续“六国史”作为正史才开始的。“六国史”的最后一本是《日本三代实录》，记录了清和、阳成、光孝“三代”天皇的时代。写于醍醐天皇之时，正好在10世纪之初的901年完成。在光孝与醍醐之间即位的是宇多天皇。

之后，并没有承继“六国史”的正史编纂（所以总称为“六国史”，如果有更多的话，就会是“七国史”或“八国史”之类的了）。也就是说，宇多天皇之后的正史并不存在。

的确，前面也提到过，江户幕府的《本朝通鉴》或是水户藩的《大日本史》，都是以涵盖“六国史”之后的时代为目标而编纂的史书。江户时代的人们大概认为，这样事情就已经完成了。

结果发生了明治维新。明治政府揭起“王政复古”的旗帜，目标是回到以前天皇亲政的时代，也就是没有摄关政治[①]或是幕府的时代。前面也提到这完全是个谎言，不过这个“口号”是非常重要的。如果从这个观点来看，“说起来，宇多天皇以后的正史不就都还没有被写出来！”

编纂《大日本史料》这个大工程，因此启动了。

实际上，原本是更复杂的经过，不过总之就以此对你简略说明吧。如果想知道更准确的信息，请在大学专攻历史学。

《大日本史料》是将各种史料，例如公家的日记、寺庙神社的记录、旧家的文书等各种资料，依照年代顺序排列，关于同一天的记事则以相同事项来整理，然后在这个相关事项的开篇附上标题。现在也依照明治时代所定下的规则继续编纂史书，这种非常老派的方式，让人有一种“这就是正史编纂！”的感觉。现在全文都已经陆续数字化了，去检索一下也会发现很有趣喔！

因此，即使在形式上是继承“六国史”的工作，但方法却是相当不一样的。首先，标题文章就不是“汉文”，

① **摄关政治**：平安时代中期的政治制度，藤原家占据摄政或关白的职位，代理或辅佐天皇执政约百年。“摄政”通常由皇族任职，858年，藤原良房成为清和天皇监护人，正是皇族以外的第一代实质“摄政”。直至1068年，后三条天皇即位，因其与藤原家没有外戚关系，遂废掉摄政，实施亲政，藤原家才渐趋没落。

而是像一开始写到的“训读”式文体。举一个例子来说明吧！

北条時政、京都ノ情況，及ビ義経ノヲセシ頼朝二報ズ。(四编之一，第31页)

(中译：北条时政将京都的情形，以及审问义经之妾静的情况，向赖朝报告。)

这是1185年12月15日的记事，依据的史料正是《吾妻镜》。如同前文所写到的，《吾妻镜》是在镰仓幕府内工作的官僚所编纂的书籍，并不是第一手史料。不过因为当时的史料现在几乎没有留下来的，因此《吾妻镜》才成为《大日本史料》重要的材料参考来源。

顺带一提，仆想起了念初中的时候，《吾妻镜》训读版的新装普及本面世了，在出版期间，父亲（你的爷爷）一卷一卷地带回来给我。第一册从源赖朝在伊豆揭竿起义开始，应该是读懂了，但是从第三册开始就读不下去了。《吾妻镜》终于从2007年开始出版了全文现代语译版[①]，就不再是汉文的训读文章，终究到了品味用现代白话翻译后的古籍的时代了。但是也因为如此，不再出现像仆这种有点怪的中学生，真是令人感到失落啊！

《吾妻镜》所写的是镰仓幕府的历史，之所以有这本

① 五味文彦、本乡和人、西田友广编译《现代语译·吾妻镜》(吉川弘文馆，自2007年发行，预定出版16卷，2013年5月出版至第13卷)。

书，是因为《吾妻镜》编纂者的祖先中，似乎有出身公家的幕府官僚。他们负责做记录之外，也将京都的公家们的日记和寺庙神社的文书制成文件。所有的文字内容几乎都是使用“汉文”。

现在这些史料几乎都已消失殆尽，但就像“帝纪”“旧辞”成为《古事记》和《日本书纪》编纂的材料来源一样，《吾妻镜》也是类似的情况吧！在假名还没被发明出来之前，书写的形态应该就是“汉文”。这绝不是像本居宣长所说的意思那样，可以用古日本语写成的。

在《吾妻镜》中，武士之家口头传承的传说，当然是日本语吧（难道是关东发音？），但《吾妻镜》所留下来的记录，被改成了“汉文”。所谓的“旧辞”，原本也是相似的情况，应该都是豪族之家或神社口头传承的传说。虽然随意猜测不具任何意义，不过如果依照当时的情况来推测，应该就是这样没错吧！收集整理这些传说并改写成汉文之际，应该也会对内容进行修润吧！就这点看来，姑且不论量的部分，就质的方面而言，《古事记》也好，《日本书纪》也好，并没有太大的不同。

仆有个朋友叫做神野志隆光，他在2007年的时候出版了《多数的“古代”》一书（讲谈社，现代新书）。他认为，《古事记》和《日本书纪》所描写的“古代”，是那些编纂书籍创造出来的“古代”，现代的历史学者从其中自行判断“这个是事实”“这个只是神话、传说”，然而把这些选出来的“史实”拼接起来，就说是“日本古代史”，到底有什么意义呢？若以仆这种粗略的方式来概括，神野志先生的主张大致如此。仆认为，就编纂历史的方法而言，最基本的问题也隐含着非常深奥的学问。

下一节继续围绕这个问题，来谈谈圣德太子的故事。

❤6　圣德太子的出身

圣德太子即厩户王，公元574年出生，是用明天皇的皇子。用明在现在的天皇年表中是第31代天皇；如果把神功皇后也算进去，便是第32代天皇。当然，以史实来看，当时还没有使用天皇年号，所以用明的父亲就以钦明天皇来称呼。

钦明的皇子皇女里，有4位即位为天皇，依次是敏达、用明、崇峻、推古。最后的推古天皇，因为是日本的第一位女性天皇，所以很有名。在《日本书纪》中，虽然对神功皇后也以天皇的规格来对待，但是却用了“皇后”一词，而不是正式的“天皇”。所以推古天皇才是首位女帝。

如同神功是仲哀天皇的皇后，实际上推古也是敏达天皇的皇后。是的，因为两人都是钦明天皇的孩子，所以是兄妹关系。以现在的观点来看，在法律上是禁止这种关系结婚的。但是在那个时候，只要是不同母亲所生，就算是哥哥和妹妹,也可以结婚。为了保持天皇谱系血统的纯净,当时甚至鼓励这种做法。所以他们当然不是因为个人恋爱而结婚的,决定这对兄妹婚约的可能是两人的父亲钦明天皇。不仅这对夫妇是这种情况,圣德太子的母亲穴穗部皇女也是钦明天皇的女儿,所以她和丈夫用明天皇也是兄妹。换言之,圣德太子是哥哥和妹妹结婚所生下的皇子,他的爷爷和外公是同一个人。对我们现代人来说,实在是难以想象的亲戚关系啊!

钦明天皇在圣德太子出生前就去世了,而他的伯父敏达天皇在585年逝世。之后由圣德太子的父亲用明天皇即位,但是他在位仅两年就过世了。当时恰逢日本由于是否接受佛教而开始产生舆论分裂。用明逝世之后不久,崇佛派的苏我马子①攻击并消灭了废佛派的物部守屋②。

这似乎对皇位继承之争也产生了影响。

用明天皇之后即位的是对圣德太子来说具有双重意义的叔父崇峻天皇,他与穴穗部皇女是一母所生。由于苏我马子与崇峻天皇对立,最后指使部下暗杀了天皇,这发生

---

① **苏我马子(约551—626):**日本飞鸟时代的政治家、贵族。苏我稻目之子,在敏达天皇时继承了父亲的"大臣"之位("大臣"与"大连"是当时的最高官职),仕于敏达天皇、用明天皇、崇峻天皇、推古天皇四朝天皇,构筑了苏我氏的全盛时代。他将自己的女儿嫁入天皇家,以外戚的身份,掌控朝政,权倾朝野。

② **物部守屋(?—587):**日本飞鸟时代的豪族。敏达天皇即位时被任命为"大连"。当佛教传入日本时,物部守屋持强硬的排斥态度,与苏我马子发生激烈冲突。敏达天皇去世后,物部守屋与当时苏我马子所控制的朝廷发生内战,兵败身死。

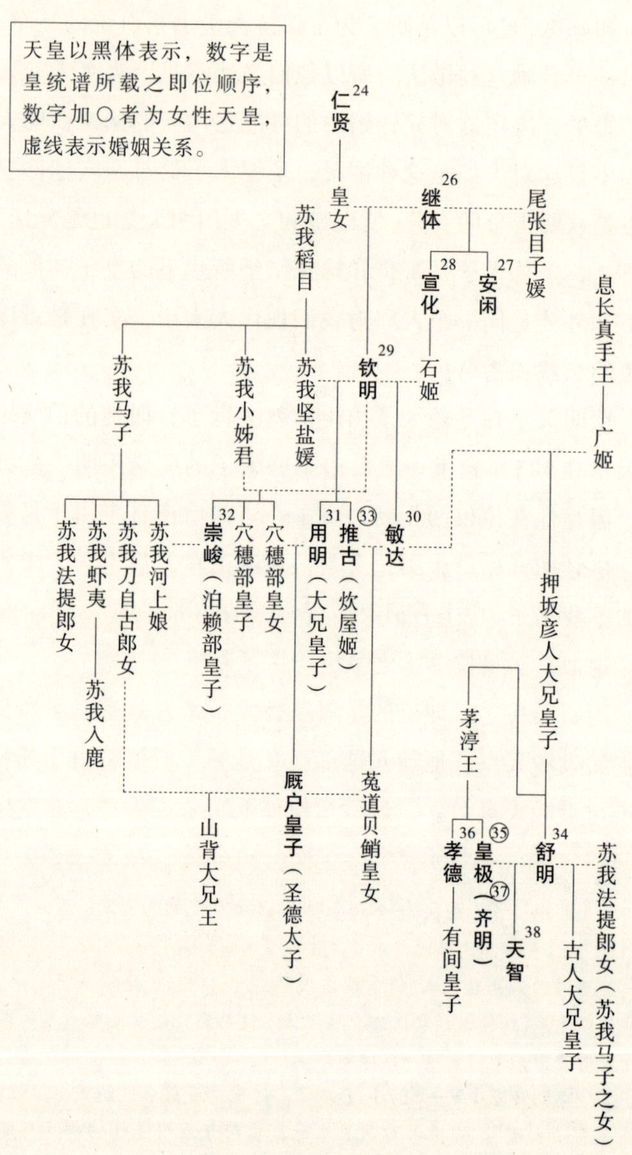
天皇以黑体表示，数字是皇统谱所载之即位顺序，数字加○者为女性天皇，虚线表示婚姻关系。
仁贤 24
皇女
继体 26
尾张目子媛
宣化 28
安闲 27
息长真手王
苏我稻目
钦明 29
石姬
广姬
苏我马子
苏我小姊君
苏我坚盐媛
苏我法提郎女
苏我虾夷
苏我刀自古郎女
苏我河上娘
崇峻 32（泊赖部皇子）
穴穗部皇子
穴穗部皇女
用明 31（大兄皇子）
推古 33（炊屋姬）
敏达 30
押坂彦人大兄皇子
苏我入鹿
茅渟王
山背大兄王
厩户皇子（圣德太子）
菟道贝鮹皇女
孝德 36
皇极 35（齐明 37）
舒明 34
苏我法提郎女（苏我马子之女）
有间皇子
天智 38
古人大兄皇子

皇室与苏我氏关系图

在592年。紧接着即位的是推古天皇。

据传她39岁时即位，因为寿命不长的关系，也称不上年轻了（啊，不过你妈妈过了40岁还是很年轻啦）。钦明的三个皇子敏达、用明、崇峻陆续继任天皇之后，下一任则是由苏我马子一派拥立的推古，她作为让钦明的孙子辈可以接着继承的中继人选。

据说与苏我马子一起辅佐推古天皇并受到重用的就是圣德太子。根据《日本书纪》的记载，推古即位四个月后，即593年4月立圣德太子为“皇太子”，由他处理所有政务。次年，推古下令，由圣德太子和苏我马子负责兴盛佛教。之后，豪族们相继建立寺院，高丽的僧侣慧慈、百济的僧侣慧聪也来到日本，成为佛教界的领袖。因此，在圣德太子与苏我马子的领导下，日本开始步上以佛教为国教的国家发展之路。

在推古天皇的时代，圣德太子完成的成就除了大兴佛教之外，其他如冠位十二阶[①]的制定、宪法十七条[②]的执笔，以及派出遣隋使、遣唐使，都是他著名的政绩。不过这些

① **冠位十二阶：**根据《日本书纪》，冠位十二阶在推古天皇十一年（603年）时制定，以冠的颜色和质地来代表官员在朝廷的位阶。十二阶分别为大德、小德、大仁、小仁、大礼、小礼、大信、小信、大义、小义、大智、小智。

② **宪法十七条：**此宪法并非现在日本国宪法。这是推古天皇十二年（604年）时，圣德太子写下十七条宪法，内容是关于贵族与官僚的道德规范，其中包含了儒家与佛教的思想，也可以看到法家与道教的影响。全部十七条都记载于《日本书纪》中。

真的是当时所发生的事情吗？学者津田左右吉[1]在百年前所提起的是否真有此事的疑问，现在也仍争论不休。问题在于，只是因为《日本书纪》有记载，所以就应该完全相信吗？

圣德太子在《日本书纪》中是个罕见的英雄，前文介绍过的日本武尊和神功皇后虽然也是英雄，但是圣德太子建构了有系统的政治秩序，在奠定之后的日本国家的基础方面扮演了重要的角色。

不过，他并没有出现在《古事记》中。这是因为《古事记》只记述到推古天皇的时代，而且里面也只记载天皇的族谱，并没有关于事件的记录。在神话时代的故事之后，是神武东征、日本武尊和神功皇后活跃的记录。比较起来，《古事记》的主题是统一国土战争的记事，《日本书纪》则详细记述了关于圣德太子的政治，以及接下来要介绍的大化改新，以描写国家制度确立的过程。

---

① **津田左右吉（1873—1961）**：历史学者，被称为“日本古代史研究第一人”。从近代史料出发，批判《日本书纪》《古事记》的观点，否定神话的“津田史观”成为“二战”后历史学的主流。

❤ 7　成为争论对象的圣德太子

现在在这台计算机的旁边有两本书，分别是谷泽永一的《圣德太子不存在》（新潮新书）以及田中英道的《排除圣德太子虚构说》（PHP研究所），两本都是2004年出版的。

两位作者都不是日本古代史的专家。谷泽氏是书志学者，田中氏乃美术史家。或许也是因为这样，这两本书都不是所谓的学术书籍。不过这两位作者从正反两方的立场相继出版著作，可见"圣德太子"已成为近年来争论的主题。除此之外，也有很多持各种观点的作者以这个主题出版著作，其中也包括了我认识的东洋史权威老师。

不愧是圣德太子，连本来不是这个领域专家的研究者们都涉入这个主题，不管怎样，他都是建构日本国基础的人，所以会被长期传颂，然而这个印象会瓦解还是保留，都是世纪的攻防战。

先举例的谷泽氏的著作中，在结论的部分是这么说的：

> 圣德太子的形象（image），不管是从物[①]或文章，都各以三点为一组而成立。第一，释迦像；第二，药师像，从其背后之光相可看见的铭文，是很久之后的后世所刻的。另外还有编织于绣帐上并留存至今的仅十二个文字。因此《上宫圣德法王帝说》据称是抄录自过去的文字，并补充抄写关于太子的句子。但是“帝说”也是后世的说法。所以物的三点一组与太子没有关系。
>
> 文章的三点一组是经典的注释。把陷于困境中的圣德传说紧紧抓着、想要保护它的代表作《胜鬘经义疏》，与来自敦煌的《胜鬘义疏本义》两相对照，就可以知道是根据中国所写的作品。以下亦同……（第212—213页）

法隆寺[②]现存的佛像和附近中宫寺所收藏的天寿国绣

---

① **物**：在谷泽氏的书中，“物”是指现存物品，亦即现存法隆寺的释迦三尊像、药师像和中宫寺的天寿国绣帐，这三者的铭文。

② **法隆寺**：位于日本奈良生驹郡斑鸠町，是圣德太子于飞鸟时代建造的佛教木结构寺庙。法隆寺分为东西两院，西院保存了金堂、五重塔；东院建有梦殿等，西院伽蓝是世界上最古老的木构建筑群。法隆寺建筑物群和法起寺共同在1993年以“法隆寺地域的佛教建筑物”的名义被收录于世界文化遗产名录。寺内保存有自飞鸟时代以来的各种建筑及文物珍宝，被指定为国宝及重要文化遗产的文物约190类，合计2300余件。

帐，还有被认为是圣德太子著作的《胜鬘》《法华》《维摩》，这三经的义疏[①]（义疏指的是该经文的注释本），都不能被看作公元7世纪初的古物。因此，历史上毫无圣德太子这个人物活跃的证据。谷泽氏认为，捏造圣德太子传说的是与编纂《日本书纪》有很大关系的藤原不比等[②]，以及为了扩大法隆寺规模的僧侣行信[③]等人。

另一方面，田中氏把谷泽氏的书和大山诚一所写的《"圣德太子"的诞生》（吉川弘文馆，1999年）作为批判的对象，试图针对"圣德太子虚构说"提出辩论。他最大的物证是2001年公开的法隆寺五重塔心柱的木材的采伐年代。根据年轮测定，那是594年采伐的木材。这也就表示法隆寺是在圣德太子诞生当时就已经建好了，是无可动摇的证据。

田中氏针对谷泽氏主张的所有论点，提出并非完全正确的反驳意见。例如，"将代表作之《胜鬘经义疏》与来自敦煌的《胜鬘义疏本义》两相对照，就可以知道是根据中国所写的作品"，这是根据藤枝晃这位中国古文书学的巨擘写于1975年的论文而来，田中氏以藤枝的理论"还不到结论"为由，批评这点并非学界的定论。来看看田中氏的著作中，结论部分的主张吧！

---

① **三经义疏：**《胜鬘经义疏》《法华义疏》《维摩经义疏》。

② **藤原不比等（659—720）：**飞鸟时代至奈良时代初期的公卿，被认为是藤原氏实质上的始祖。有两个女儿嫁入天皇家，在当时掌握实权。参与撰修《大宝律令》，尽力于律令政治的实施。

③ **行信：**奈良时代的僧侣。

虽然现在宪法修正成为一大议题，但是圣德太子的十七条宪法，确确实实才更应该刊载于这个宪法修正案的前文中，以作为优秀日本人的精神上的规范。另外，根据《隋书》“日出处天子致书日没处天子无恙”的文字，是对等外交的象征，应该成为现在外交的指南；而“三经义疏”是日本推行佛教的著作，应该被视作日本思想的根本来源。因此，法隆寺与其内诸像，现在应该视为可向世界夸耀的艺术作品，让它大放异彩。（第204页）

好了，你认为哪个说法是正确的呢？

❤8　对太子传说拥护论的疑问

对于前一节所提出的问题，如果你马上就思考该选哪个的话，很遗憾，这证明了你对历史还没有感觉吧！历史并不是选择√或×的是非题。如果遇到对立的两种见解，冷静而客观地比较两者，确实看清各自具有何种论点之后，才能作出判断。

仔仔细细读了昨天的两处引用之后，应该可以发现他们的“论点”有微妙的差异。

以谷泽氏的论点来看，对于在很长时间内圣德太子的功绩被广为相信这件事，只是含糊其辞而没有确凿的证据；同时，仅是思考这些传说登场时期的政治上和社会上的形势，就总觉得好像存在捏造这些传说的人。虽然仆认为，马上断定捏造的犯人就是藤原不比等和行信等人是很危险的做法，但是对于的确是因为这些原因而在某个时期出现传说的这个想法，是有同感的。

另一方，也就是田中氏的看法，贯彻的是所谓“圣德太子信仰”的理论。例如，关于《法华义疏》，尽管他写道：“不论从书体或是文体来看，都是7世纪的产物，除了太子以外，作者几乎不做他想。换言之，圣德太子是存在的”（第149页），但为什么在7世纪所作之后，就马上推论“除了太子以外，作者几乎不做他想”？田中氏对此并无解释。

在其他地方也是如此。尽管法隆寺在世界文化遗产中可立于顶尖之列，但是这仅是田中氏个人的感慨而已吧！同样列入世界遗产的寺院中，仆还比较推崇东大寺[①]和东寺[②]，不过这只是没结果的争论而已。田中氏强调建于7世纪的法隆寺的古老，当然，它没有被烧毁的确值得庆幸，但这也是因为它位在斑鸠[③]这个偏僻的乡下地区，幸运地没有受到战乱的波及而已。（在昭和时代的大战争中都没事，竟然因为在内壁整修的工程中没有注意火烛，而烧掉了重要的金堂，真是太丢脸了！）

仆在读有关圣德太子的论争书籍时，总是感到不可

---

① **东大寺**：位于奈良东部，是南都七大寺之一。1998年作为“古都奈良的文化财”的组成部分被列为世界文化遗产。728年，东大寺由圣武天皇下令建造。寺中的大佛殿，是世界现存最大的木造建筑；同时保留着大量奈良时代和镰仓时代的佛像。中国唐代高僧鉴真和尚曾在这里设坛授戒。

② **东寺**：位于京都市南区九条町，1994年作为“古都京都的文化财”的组成部分，被列为世界文化遗产。该寺建于8世纪，寺内的五重塔是京都的象征之一，也是日本最高的五重塔。

③ **斑鸠**：位于奈良县北部。

思议的是，经常会在书里看到拥护圣德太子传说论的人，为了拥护圣德太子的权威而拼死拼活的样子。如果看到“××是圣德太子死后很久才有的东西”（××可以替换为法隆寺的佛像或天寿国绣帐、“三经义疏”），对他们来说，就好像无比重要的事物被玷污了，甚至有时候还试图以情绪性的辩论来反驳。这就是前面所讲过的“宗教”的样貌。

实际上，因为圣德太子在佛教中是圣人，对于有僧籍或是笃信佛教的普通信徒而言，他就是宗教上的信仰对象。所以，这种情况就和电影《达·芬奇密码》和萨尔曼·拉什迪（Salman Rushdie）的《撒旦诗篇》（*The Satanic Verses*）一样，也就是说，这些圣德太子的拥护者，和那些当耶稣基督或穆罕默德被嘲弄时就会感到愤怒的人一样，对批判传说的人抱着厌恶之情。不断针对批评者的论点进行人身攻击，应该也是出于这样的理由。谷泽氏在书中也有揶揄对手的地方，无疑促成了火上加油的情况。虽然争论因此而更加有趣，但是对当事者来说，是相当严重的问题。那么关于争论的话题就谈到这里。

最近有件让我相当惊讶的事情，是关于山川版的历史教科书里的内容。“女帝推古天皇即位，在国际关系紧张的局势下，由苏我马子和推古天皇的外甥厩户王（圣德太子）等协力，推动国家组织的形成。”没错，圣德太子这个称号被放在括号里，而厩户王这个名字则是粗体字。这本书在后面提到冠位十二阶、宪法十七条，以及遣隋使等政策的关键词时，都是用“厩户王”。作为史料引用的《隋书》中记载遣隋使的注解中，国王的名字“多利思比孤”[①]变成了“不清楚指的是哪位天皇”。

圣德太子的信徒要是知道了，应该会生气吧！一定会的。不过因为他们自己也做了其他版本的教科书，下定决心要赞扬圣德太子殿下的功绩，或许也不会太在意。

圣德太子传说拥护论带给仆的违和感，来自将圣德太子誉为英雄以维持身为日本国民的自信的态度。在前面引用的文章里也提到，宪法十七条成为“优秀日本人的精神上的规范”；“三经义疏”被当作“日本推行佛教的著作，应该被视作日本思想的根本来源”；还有遣隋使携带的国书也成了“对等外交的象征，应该成为现在外交的指南”。为什么那样的日本要被称为日本呢？在厩户王的时代，还没有出现“日本”这个国号，因此，历史学家网野善彦[②]写了“圣德太子还不算是日本人”（当然因为这个缘故，网野先生曾陷入猛烈的抨击）。

如同山川版的教科书清楚描述的，当时的大和朝廷是处于“国际关系紧张的局势下”，所以才会有遣隋使外交的必要。这个观点却被刻意忽视，只是一味彰显被当作“日

---

① **多利思比孤**：《隋书·东夷列传·倭国》中所记载的一位倭国国王。有学者在与《新唐书·东夷列传·日本国》对读研究之后，认为该王是用明天皇；也有学者认为这指的是厩户王。

② **网野善彦（1928—2004）**：日本著名历史学家，专攻日本中古史。其晚年时写作《何谓“日本”》（「日本」とは何か）一书，强调日本不是孤立的岛国，而是不断与大量外界的人和物沟通的列岛。并且提出，“日本”这一国号并非在原初就有，而是在7世纪末才正式确立的。

本的”骄傲之厩户王。这种做法，无疑是幕末尊王攘夷思想的现代版。

大和朝廷是在东亚的国际局势中诞生、成长。被当作是厩户王的各种功绩也有必要从这个观点重新评价。下一节开始，回到话题的中心吧！即应神天皇的时代（被塑造出来的时代）。

♥9　神功皇后与卑弥呼的合体

应神天皇还在母亲神功皇后的肚子里时，就跟着远征新罗；被母亲抱在怀里时，讨伐同父异母的哥哥，后来一直在母亲的摄政下过了69年，才终于即位。换言之，如果根据《日本书纪》的年代，那时他已经70岁了。当然，从历史事实的角度来看，是没有必要相信的。

关于《日本书纪》所设定的年代，里面写到的神功皇后部分，是有明确出处的，即《魏志倭人传》。

中国西晋人陈寿编纂的《三国志》，整合了魏、蜀、吴三国的历史。关于魏的部分称为《魏书》，其中介绍位于中国东面的各个民族的文章，统称为《东夷传》。在《东夷传》里面写到关于“倭”的部分，称为《倭人传》（这些完全是通称）。因此，所谓的《魏志倭人传》，是不知从何时开始产生于日本的俗称，正式名称应该是《三国志·魏书·东夷传·倭人条》。不过因为这名称太长，在本书中还是沿用俗称。

据《魏志倭人传》记载，239年倭国名为“卑弥呼”的女王，似乎派遣使者前往带方郡，并“向魏的皇帝致意”。带方郡这个地方，现在虽然是朝鲜境内的行政区域，但在当时是属于魏国的直辖领地。中国与朝鲜半岛国家的边界，后来随着时代产生了变化。

所以，卑弥呼派遣使节到现在称为朝鲜领土的地方，打算向位于洛阳的魏皇帝表达亲善之意。该做法有了成果，次年魏封她为“亲魏倭王”[①]，并派遣使者到她的国家。那里就是在《魏志倭人传》里被称为“邪马台国”的地方。邪马台国的女王卑弥呼，她在3世纪中叶时，统治日本列岛的一部分，这些信息记载于中国的史书，是相较之下可信度较高的史料。

《日本书纪》的编辑者们当然知道这段记载。尽管不知道他们是否直接看过《三国志》，但是除此之外的其他资料都是以传说的形式流传下来的。3世纪时名为himiko的女王存在于邪马台国的事实，应该是广为整个东亚地区所知的吧！所以这段历史记述是无法忽视的。

接着，要将她与神功皇后合体了。或者也可以说，神

---

① **亲魏倭王**：《魏志倭人传》记载：“景初二年（应为三年）六月，倭女王遣大夫难升米等诣郡，求诣天子朝献，太守刘夏遣吏将送诣京都。其年十二月，诏书报倭女王曰：‘制诏亲魏倭王卑弥呼：带方太守刘夏遣使送汝大夫难升米、次使都市牛利奉汝所献男生口四人、女生口六人、班布二区二丈，以到。汝所在逾远，乃遣使贡献，是汝之忠孝，我甚哀汝。今以汝为亲魏倭王，假金印紫绶，装封付带方太守假授……’”

功皇后的传说本身就是以卑弥呼为蓝本创造出来的。《日本书纪》在记录神功皇后摄政的第39年到第43年（239—243年），采用了非常具有特色的记述方式。因为以日本国内的记事，从未有这样特别的记载，以注解的方式引用了《魏志倭人传》。

换言之，摄政三十九年时，记录“根据《魏志》记载，魏国明帝景初三年时，倭女王派遣使者前来朝贡”；四十年时，“根据《魏志》记载，魏国官员被派遣使倭”；四十三年时，也写了“根据《魏志》记载，倭王仍有派使者前来”。可以看出编纂者引用邻国的史书，并维持写下的记述的一贯性，努力使两国的历史认知一致。因此，特地在这里说明异国的情况，“你看！中国那边的史料也有这个时期日本是由女王统治的记录喔！神功皇后果然是世界上有名的人物吧！”并以此自满。

将《日本书纪》的记事年代与《三国志》比较一下，会发现神功皇后以摄政之名治理国家的时期，的确与卑弥呼的时代重叠了。这只能说是刻意为之了。也因为这样，不论她是仲哀天皇的皇后，或是越过儿子应神天皇，在《日本书纪》里，都将她视为事实上的天皇看待吧！记载上却成了“皇太后”。

摄政六十六年（266年）有以下这样的记载：“这一年是（中国的）晋武帝泰初二年，中方宫廷记录显示‘当年十月，倭女王派使节前来’。”根据现在的研究，派遣使节到晋朝的女王并非卑弥呼，而应该是她的后继者。也就是说，实际上已经经历了两代邪马台国女王的治世，在《日本书纪》中被整合为神功皇后一代的故事。

这样一来，就应该知道应神天皇从出生后的70年里也没能即位的原因了吧？那时的他，并不是真的没有即位，而为了与邻国的历史记录相匹配并合乎逻辑，由于《日本书纪》的编者们的处理，应神天皇变成了在70年间一直隐藏在母亲的阴影之中了。

因为说明完了晋的宫廷记录，神功皇后终于结束在任。《日本书纪》在前述记事的三年后（即269年），也就是神功皇后恰逢百岁时，她就过世了。她的儿子应神天皇也在70岁整数时，也就是“古稀之年”即位。“古稀”是来自中国诗人的诗句：“人生七十古来稀。”[①]

---

① 出自唐朝杜甫《曲江二首》：（其一）一片花飞减却春，风飘万点正愁人。且看欲尽花经眼，莫厌伤多酒入唇。江上小堂巢翡翠，苑边高冢卧麒麟。细推物理须行乐，何用浮荣绊此身。（其二）朝回日日典春衣，每日江头尽醉归。酒债寻常行处有，人生七十古来稀。穿花蛱蝶深深见，点水蜻蜓款款飞。传语风光共流转，暂时相赏莫相违。

♥10 《论语》与《千字文》

《日本书纪》第9卷全都在介绍“气长足姬尊”[①]，也就是神功皇后的事迹；在她百岁逝世之后，第10卷才开始谈“誉田别尊”[②]，即应神天皇的故事。他在“皇太后”神功皇后摄政的第三年，也就是3岁时当上“皇太子”，在往后的66年间，都是皇太子的身份，后来才即位。应神天皇治理日本41年。

神功皇后时期的记载，包括开始与新罗等位于朝鲜半岛的国家建立关系、讨伐在大和地区叛乱的皇子们，还有记载于中国史书中的邪马台国女王的部分，相较于这些，到了应神天皇的时代，记载一下子就充满了多样性。单从

---

① **气长足姬尊**：神功皇后在《日本书纪》中的谥号。在《古事记》中则称为“息长带姬命”。

② **誉田别尊**：应神天皇在《日本书纪》中称为誉田别尊；《古事记》中则称为“品陀和气命”。

这点看，可以反映出各种事件实际上的确发生过吧！如果一一详细说明，这一章就没完没了了，所以这里根据《日本书纪》以外的史书来做个归纳整理。

这里要谈的史书是14世纪上半叶完成的《神皇正统记》[①]。这本书主要一方面根据《日本书纪》，一方面则是只选录编者北畠亲房认为重要的事件。也可以说，这本书是由北畠亲房从《日本书纪》里所记载的各种记事中，判断何者重要而写成的。我们可以从这本书里追溯，北畠亲房这些过去的人物是如何把“天皇家的历史”，而不是“日本的历史”传承下来的。

关于应神天皇时期，北畠亲房选了以下两个例子。

博士从百济来日，博士在《日本书纪》中，被称为“王仁”，他带来了在中国所写的儒教书籍，而且应神天皇的皇太子菟道稚郎子也跟随他学习。北畠亲房写道：“儒教的书籍和文字开始在我国传播，便是从此时开始。”

关于当时所传播的儒教书籍，因为在《日本书纪》中只是单纯地写了“各种书籍”，所以北畠亲房也就没有介绍书名。不过在《古事记》中，却详细地写明了是《论语》和《千字文》。

《论语》是将儒教的开山祖师孔子对弟子们所说的话整理成格言的书籍，仆曾对你说的“变得有志向学了”，

---

① **《神皇正统记》**：南北朝时代南朝的公卿北畠亲房所著，宣扬吉野朝廷（即南朝）的正统性之史书。以朱子学为指导思想，以朱熹的《通鉴纲目》为模本，记述从所谓“神代”直到南朝后村上天皇继位的千余年间的历史。

就是出自《论语》中的古文“吾十有五而志于学”。学习有关儒教知识的人，不管是谁都应该阅读这本书，并且可以说它也是被实际阅读的书吧！

《千字文》是被当作练习写字范本的教科书。练习写字的目的在于学会汉字的写法。所以这与只需记得26个字母的写法的英语国家的人不同，要用中文阅读、书写文章，就必须记得相当多的汉字。从这些中文字中选出基本的一千个，依照学习的顺序排列出来的，就是这本《千字文》。

日本为了让人学会假名而有《伊吕波歌》①吧！就是“I RO HA NI HO HE TO CHI ？ RI ？ NU ？ RU ？ WO”，如果使用一些汉字，就会变成“色は匂へど 散りぬるを”（花艳香气溢，终有凋落时），以日文来看，就可以知道这是有意义的写法。《伊吕波歌》以七言句和五言句交互穿插，也就是所谓的七五调。以这种固定的形式，全歌由四个部分构成。如果写成算式：

$$(7+5)\times 4=48$$

---

① **《伊吕波歌》**：日本平安时代的和歌。全文以48个不重复的假名组成，因此可视为全字母句；而歌词本身，是一首发人深省的佛偈。《伊吕波歌》在后世被当成日文书法习字的范本，用来学习假名。以《伊吕波歌》中假名出现的顺序作为假名排列顺序，称为“伊吕波顺”（いろは顺）。日本中世到近世的字典类书籍，广泛采用伊吕波顺作为内容的索引顺序。《伊吕波歌》最早出现在文献上是承历三年（1079年），相传由弘法大师空海所作。

所列举的这48个字，以全部必定只出现一次的方式排列。所以大概会写《伊吕波歌》，就可以练习全部的假名。非常厉害的做法吧！比起现在所用的“五十音图”①，写“A I U E O，KA KI KU KE KO”，要来得有趣而且容易记忆吧！虽然自古以来就流传《伊吕波歌》的创造者是弘法大师空海，但并没有确切的证据，不过这个人真是很聪明。

《千字文》类似于《伊吕波歌》的汉字版。一句4个字，而且两两成对，所以以一行8个字的固定形式排列有125行。如果也写成算式：

$$(4+4)\times 125=1000$$

比起仅仅48个字的《伊吕波歌》，在规模上真是天差地别，所以也非常不容易。举开头的两句为例，即“天地玄黄，宇宙洪荒”，意思是“天空是黑的，地是黄的，空间无尽而时间漫长”。相较于《伊吕波歌》的开篇“花艳香气溢，终有凋落时”，怎么看都更加气势恢宏，让人有“不愧是中国”的感觉。仆还是中学生时，书法课的老师会用“天地玄黄，宇宙洪荒”作为范例，虽然他也解释了这两句的意思，当时仆却是一窍不通。那时《论语》已经

① **五十音图**：将日语的假名（平假名、片假名）以元音、子音为分类依据进行排列的图表。表的纵向称为“段”，每段十个假名，共有五段。横向称为“行”，每行五个假名，共有十行。现代五十音的顺序大概是在室町时代以后形成的。

是我非常爱读的书了，但比起“吾十有五而志于学”的《论语》,《千字文》一开始的“空间无尽而时间漫长”，可以说很哲学也非常深奥吧！不仅应该被当作学习写字的范本，应该也是学习儒教思想的教材吧！

♥J　消失的王仁博士

接着是关于《论语》和《千字文》的后续。这位来到日本教导皇太子们的人物，在《日本书纪》中的写法是“王仁”[①]；在《古事记》里的写法是“和迩”，读作“wa ni”。仆以前第一次听到“wa ni博士”的时候，在脑海中出现的是漫画般的形象：嘴巴尖尖的爬虫类，头上戴着学士帽，拿着长长的教鞭，正在解释写在黑板上的困难的数学算式。

没错，王仁是“博士”。doctor的翻译，如今依然使用“博士”这个词，一般不读hakushi，而用hakase这种装腔作势的读法，以显示它是拥有古老来历的单词。“自神功皇

---

① **王仁**：传说中在应神天皇时期（270—310年在位）从百济前往日本，在当地传播汉字和儒学的人。然而，有关他的记述只存在于日方的古籍《古事记》《日本书纪》和《续日本纪》之中，朝鲜半岛方面的记载中找不到与王仁对应的人物。古籍中记载的“王仁”的活跃年代也与现在学界认为的儒学传入日本的时间不符。

后的‘讨伐’之后，意识到日本是个强国的朝鲜半岛上的人们，便陆续派遣像王仁这类优秀的人才到日本，希望能够贡献其所长。”——以上的说法，是《古事记》和《日本书纪》所写的故事，绝非历史事实。实际上，正是因为这些来自朝鲜半岛的人才使日本（应该还是“倭”国）文明化。

像王仁这样从外国来到日本，然后就此定居，后代子孙也一直在日本生活的人，称为“归化者”。现在在法律上，也用“归化”来描述原本是外国国籍的人取得日本国籍、成为日本公民的情况。不过仆非常讨厌这个词，原因是这个词带有“我将你视为我们这些优秀国民的伙伴，这才让你加入我们喔”的傲慢意味。

“归化”原本是儒教的用语，意思是因为某国的国王非常优秀，所以周边诸国的人对他的仁德非常仰慕，想要成为那个国家的国民，于是聚集而去。也就是说，从A国向B国“归化”意味着，嫌弃A国的人劣等，并以成为优秀的B国国民而非常高兴。不觉得这就是一种傲慢吗？

关于这点，近年来在历史学界，改称王仁这类的人为“渡来人”（移民者）。如此一来，就可以用价值中立的态度只表现出事实吧！所以王仁是从百济国“渡来”（移居）倭国。

不过从现实来看，现在已经认定这种说法并不是历史事实。数年前，仆在大学教书的时候，曾因此受到非常大的打击。“儒教传入是由应神天皇时期百济的王仁带来的”这件事，以仆这个世代而言，从小学开始，历史课都是这么教的。然而，仆的学生因为没有被这么教过，所以并没有这种被颠覆的感觉。赶快买山川版的《详说日本史》来翻阅。对于王仁带来《论语》的记载，书中遍寻不着。“6世纪时，从百济渡来的五经博士，传播了儒教”，这是现在最新版的描写。此外，在阐述“渡来人”这个词时，王仁作为渡来人的祖先，被当作传说中的人物，只用了附注的方式来介绍他的名字。至于他带来《论语》和《千字文》的记录，就这样完全消失无踪。

的确这是历史上的事实吧！仆也尊重教科书的这种记载。不过令人担心的是，如果教科书的写法都变成这样，那么《古事记》中记载王仁的理由及它的象征性就不会被传承下去，甚至会被遗忘。历史上，在6世纪之后其他博士来日本之前，《论语》或许并未流传。然而在应神天皇时代，对认为事件发生过而创作出传说的人来说，应该也有自己的历史认知。东亚大陆的文化开始向日本传播，是在神功皇后的三韩征伐之后的应神天皇时期。理解那些传承和神话，同时学习日本这个国家的形成，不也是非常重要的吗？

♥Q　苏我氏祖先的故事

让我们再回到北畠亲房的《神皇正统记》，看看他对应神天皇时代的事件，还记载了什么？

第一个是百济博士的渡来，然后就是武内大臣的故事了。

武内大臣是指武内宿祢[①]，他是神功皇后时代以来大和朝廷的重臣。在神功皇后大和东征时，他担任补佐役，表现非常活跃，并且由于深受信赖，所以神功皇后无事不与他商量。不过到了应神天皇的时代，武内宿祢的弟弟却在天皇面前说了哥哥的坏话："我哥哥恐怕已经打算要取

① **武内宿祢（约284—367）**：是《古事记》和《日本书纪》中记载的大和王权初期的名臣。他历仕景行、成务、仲哀、应神、仁德五朝天皇，是大和王权栋梁之臣。他是后来日本中央朝廷纪氏、巨势氏、平群氏、葛城氏、苏我氏等豪族的共同祖先，后来被尊为神。不过据考证，其生平事迹有很大一部分属于传说。

陛下的性命了。”这兄弟俩关系一定很差吧！

而应神天皇对此深信不疑，打算杀了武内宿祢；不过有家臣作为他的替身赴死。武内宿祢直接面见应神天皇，并说明那些并非事实，于是兄弟俩在天皇面前进行了一场辩论。应神天皇没有作出判断，而是采用了“神判”的方式。所谓的“盟神探汤”是一种古代神圣的审判仪式，把手放进滚烫的热水中，获得诸神的保护而免于烫伤的，就被认为是正确的主张。结果武内宿祢获胜，通过诸神而使真相大白。因此，他重新担任大臣之职，成为后来苏我氏的祖先。

“武内宿祢是苏我氏祖先”这件事很重要，因为在圣德太子，也就是厩户王的时代，掌管大和朝廷的就是苏我马子。苏我氏本身也被认为是渡来人，所以掌握了来自大陆先进文明的知识和技术。关于武内宿祢活跃于开始与大陆交往的神功皇后、应神天皇时代的记述，不也正好可以呼应苏我马子辅助推古天皇与圣德太子的说法？

不仅是这段故事，史书自古以来就有自己个性。反倒是现在的教科书，从这点来看，应该不算是很自由。在所谓的现代，从日本国这个空间眺望，被记录下来的只是过去以自己为中心的故事。如果可以坦率地写下对自己不利的故事，就会受到这样的指责：“没必要特地把这种东西教给小孩子，应该教给他们那些以激发爱国心为目的的历史内容，而不需要那些给自己找麻烦的自虐的东西。”

北畠亲房的《神皇正统记》里，在王仁的故事之后，他写下了一段剖白自我历史认知的文字：“日本是比中国和韩国还更古老的国家，但竟有同行认为日本人的祖先是来自大陆，这真是大错特错。”以现在的“自虐史观”[①]来看，好像有似曾相似之处吧！不过这个主张因为北畠亲房先生的得意忘形而失败，并没有成立。虽然他提出，“中国的史书《唐书》里也记载了日本的神代”，由此可见这是事实，但是《唐书》不过是记录了在中国的日本僧侣向当地人讲述的内容。

这些人一说到外国古籍文献中有自称“日出处天子”的记载就欣喜若狂，难道不觉得可耻吗？而且仆对于现在这种人多不胜数的情况也感到很可耻。你千万不要做这种可耻的事情！

---

① **自虐史观**：目前日本主流的历史教科书中对“二战”中日军的描述，被部分学者认为是在“自虐史观”的指导下所编写的。这些学者认为，教科书夸大描述日军的暴行（尤其是经常采用缺乏确据的传言），而忽略日军在东亚地区“建设性的一面”，此举就是“自虐史观”的表现。

♥K 从倭国到日本

接下来要谈的是“倭”国的故事，差不多也要前进到“日本”诞生的时期了。

在应神天皇逝世之后，他的两个兄弟彼此谦让天皇之位。因为这件事就发生在武内宿祢兄弟骨肉相争之后，所以令人耳目一新。兄弟相让的结果是弟弟菟道稚郎子自杀，而哥哥即位，是为仁德天皇。

从这个称号就可以看出，他是充满慈爱的大王，据说他因为了解庶民的生活处于穷困之中，便多年不收税。

应神、仁德之后的大王们，在中国的史书《宋书》中，被当作“倭国王”来介绍。因为共有5个人，所以称为“倭五王”[①]。如果《宋书》可相信，倭五王就是生活在5世

---

① **倭五王**:《宋书·夷蛮列传·倭国》:“倭国，在高骊东南大海中，世修贡职。高祖永初二年，诏曰:‘倭赞万里修贡，远诚宜甄，（接下页）

纪时的人。但因为这与《日本书纪》的纪年有微妙的差异，所以这5个人当中，谁是最早的两个大王，至今仍众说纷纭。

五王中的最后一位是武，也就是雄略天皇。根据《宋书》所载，武曾上书请求中国皇帝，提出由于我们历代祖先的苦心经营，请认同我们对朝鲜半岛的实质控制权。他也以臣下之礼，接受“倭国王”的封号。不过在此之后，中国的政治局势也陷入纷乱，倭与中国的外交记录就此中断了。是实际上就不存在，抑或只是单纯的记录遗失，就不得而知了。之后出现在中国方面的记录中的便是圣德太子了。不过这距前已有百年，所以也被称为“空白的6世纪”。

即便只在《日本书纪》里有关于6世纪的记载，但当时的确是政治上的大变动时期。包括雄略天皇的即位在内，在天皇家族内部，血债血偿的争斗也持续扩大。应神天皇逝世的时候谦让的美德仍然存在，但后来到底是怎么回事呢？

（接上页）可赐除授。’太祖元嘉二年，赞又遣司马曹达奉表献方物。赞死，弟珍立，遣使贡献。自称使持节、都督倭百济新罗任那秦韩慕韩六国诸军事、安东大将军、倭国王。表求除正，诏除安东将军、倭国王。珍又求除正倭隋等十三人平西、征虏、冠军、辅国将军号，诏并听。二十年，倭国王济遣使奉献，复以为安东将军、倭国王。二十八年，加使持节、都督倭新罗任那加罗秦韩慕韩六国诸军事，安东将军如故。并除所上二十三人军、郡。济死，世子兴遣使贡献。世祖大明六年，诏曰：“倭王世子兴，奕世载忠，作藩外海，禀化宁境，恭修贡职。新嗣边业，宜授爵号，可安东将军、倭国王。”兴死，弟武立，自称使持节、都督倭百济新罗任那加罗秦韩慕韩七国诸军事、安东大将军、倭国王。”这段文字里介绍了倭国五个国王的承继关系，五王依次是赞、珍、济、兴、武。

彼此仇杀或许是怨灵作祟，最后仁德天皇的子孙全部断绝了。这时候应由应神天皇的旁系子孙，从现在的福井县前来即位，称为继体天皇[①]。不过这位大王几乎没有进入大和。也有历史学者解释为，这是朝廷内部存在根深蒂固反对派的缘故。更有激进的研究者提出，“继体是应神的后代子孙一事纯属虚构，实际上这是一次王朝交替”。

仆无法判断哪一种说法才正确。根据《日本书纪》的记载，在继体天皇之后即位的是两位大王（都是继体在福井时所生的孩子），经他们的短暂治世之后，由继体天皇与有着原本大和朝廷大王家血脉的皇女之间所生下的皇子即位，即钦明天皇（详见第96页）。

前文提到的佛教传入、来自百济的五经博士渡来并传播儒教，就是在这位大王在位期间发生的。在他之后，他的四个孩子依次即位，其中最后一位就是推古天皇，那个时候圣德太子被称为厩户王，这些都已经在前面说过了。

厩户王逝世后，大王之位从推古天皇传给了舒明天皇。他是敏达天皇的皇子，也是厩户王的侄子。而舒明天皇的皇后也是他的侄女，同时也是下一任的皇极天皇。皇极天皇是继推古之后的第二位女帝。然而，如同前述，如果

---

① **继体天皇（450—531）**：日本第26代天皇。因为大和朝廷的武烈天皇18岁去世时无嗣，于是皇族近亲之间为了争夺王位而自相残杀，经过这一番杀戮，本就人丁不旺的王室子孙更有了断子绝孙之虞。最终，继体天皇作为应神天皇的五世孙，被拥立为最高统治者。“二战”后，将继体天皇视为日本现代皇室之祖的新王朝论开始盛行。关于继体天皇与之前的大和朝廷是否存在血缘关系，直到现在仍处于争议当中。

有“身为皇后，在丈夫去世后承担君王的工作”的做法，那么最早的例子应该就是神功皇后了吧！

天皇也好，皇后也罢，或者皇太子、摄政这些说法，都是在8世纪编纂而成的《日本书纪》里所用的。这些称谓是随着佛教从中国传入后才开始被使用。对于这些称谓的意义、儒教名分秩序中的感性认识，大部分都是生活在6—7世纪的大王们体会不到的。

儒教式的国家建构，在公元645年的宫廷资料中揭开了序幕。没错，就是大化改新，至此，倭国的历史终结，开始进入真正的日本国诞生的故事。

◆宝之章

◆A　改新之诏是何时作成的？

大化改新发生在645年，以中大兄皇子[①]与中臣镰足[②]为中心，在暗杀苏我入鹿之后，推动的一系列政治改革。作为这个时期第一个年号的“大化”，在各种意义上，都

---

① **中大兄皇子（626—672）**：后来成为日本第38代天皇天智天皇。舒明天皇与皇极天皇之子。645年，与中臣镰足合谋刺杀苏我入鹿之后，被叔叔孝德天皇册立为皇太子，并以其为核心，推行大化改新。孝德天皇去世后，皇极天皇重新即位，称为齐明天皇，并迁都飞鸟。在齐明朝，政治的实权由皇太子中大兄皇子掌握。他在齐明朝发动了两次引人注目的远征：一是征虾夷、肃慎；一是出兵朝鲜半岛，与大唐新罗联军交战。齐明天皇去世后，中大兄皇子不登皇位，却以皇太子名义称制。662年，颁布了《近江令》，将大化改新的成果以法律的形式固定下来。这一年也被称为天智天皇元年。他在称制7年后于668年正式即天皇位。

② **中臣镰足（614—669）**：飞鸟时代的政治家，藤原氏的始祖。中臣镰足在大化改新前后作为中大兄皇子的心腹活跃于日本政坛，为藤原氏繁荣构建了基础。据《藤氏家传》的记载，《近江令》是由中臣镰足在晚年参考《唐律》编纂的。

是与现在息息相关的日本国诞生的政治运动。

苏我入鹿是苏我马子之孙、苏我虾夷之子。苏我氏祖孙三代都是大和朝廷的掌权者。643年，苏我入鹿进攻厩户王（圣德太子）的儿子山背大兄王，迫其自杀，权倾朝野。中大兄皇子是当时皇极天皇（女帝）之子，因为厌恶苏我入鹿旁若无人的蛮横，于是借由来自高句丽、百济、新罗三韩的使者晋见天皇举行仪式的时候，唱名点到苏我入鹿时，准备趁其不备刺杀他。中大兄看到指派的杀手犹豫不决，迟迟无法下手，便自己冲入大殿，挥刀砍杀苏我入鹿。苏我入鹿受皇极天皇所托，结果却被杀了。中大兄皇子一派立刻继续攻击苏我氏宅第，并杀了苏我虾夷。[①]

因此，政治权力移转到中大兄皇子手中。645年，皇极天皇退位，由她的弟弟孝德天皇即位。中大兄皇子成为皇太子，任用中臣镰足等人，开始国家制度的改革。改革一开始最具象征的政府公告就是大化年号的制定。苏我入鹿被刺杀是在6月12日，孝德天皇则是在14日即位，大化年号的发布是在19日。短短不到10天的时间，他们开始了闪电般的作为。

第二年元旦，即大化二年（646年），以孝德天皇之名，发布了关于未来政治改革的施政方针。《日本书纪》第25卷大篇幅地引用、介绍了方针的全文。施政方针共四条，一般称为《改新之诏》。这四条内容分别为：公地公民[②]、

---

① 另有记载，苏我虾夷见大势已去，焚宅自杀。

② **公地公民**：废除贵族对土地和部民私有，改土地、部民为国有。

国司制度[①]、户籍制定[②]、改革税制[③]。当然,《日本书纪》所记载的内容全部都是用汉文写成,因为除此之外没有其他史料,所以关于《改新之诏》的讨论不得不依靠《日本书纪》。

过去这个诏文的发布与其内容,完全被视为史实而深信不疑。不论是神武天皇即位,还是应神天皇的大和东征成功之时,至少在《古事记》和《日本书纪》中都没有特别记载这些人的施政方针。此外,在谈及圣德太子(厩户王)的“宪法十七条”时,虽然有记录官僚们的反应,但也没有直接叙述政策的部分。《改新之诏》的意义在于,这是自大和朝廷建立以来,第一次有明确的政策提出。到了明治维新的时候,所发布的《五条御誓文》[④]便是参考《改新之诏》拟定的。

另外,如果仔细检视诏文的文字,就会发现其中加入了很多在大化二年时不可能会想到的表达方式。最大的问

---

① **国司制度:** 全国划分为国、郡、里三层行政单位。全境共有60多个国,它们并不具有独立主权,由中央派遣国司管理。后来以各国在政治、经济等方面的国力强弱为基准,分为大国、上国、中国、下国四等。

② **户籍制定:** 设立户籍,防止出现盗贼与居无定所之人。

③ **改革税制:** 例如依田地面积课税的租税制等。

④ **《五条御誓文》:** 1868年明治天皇登基,颁布《五条御誓文》,宣告国是方针:“一、广兴会议,万机决于公论。二、上下一心,盛展经纶。三、官武一体,以至庶民,各遂其志,毋使人心倦怠。四、破除旧有之陋习,一本天地之公道。五、求知识于世界,大振皇国之基业。我国即将进行前所未有之变革,故朕躬身先众而行,向天地神明宣誓,定斯国是,立万民保全之道。盼众卿亦念兹在兹,同心戮力。”

题是诏文中在国司之下设置郡司的条目，根据学者的研究，已经知道大化年间还没有“郡”，而是使用“评”这个字。

据此，《改新之诏》被认为不是出自646年，而是在编纂《日本书纪》之前的时期出现的。然而，反过来说，也有人主张：“这样的分歧，是《日本书纪》的编者改变了表达方式，将‘评’改为‘郡’，只是为了修饰文章而已，并不影响诏文出自当时是历史事实的真相。”目前对这个问题还没有定论。

如仆在前文所说，因为《日本书纪》是基于8世纪初期时的历史认知编纂的，所以《改新之诏》也不是出自646年的文献，而是在数十年后，说不定是《日本书纪》编者自己的创作。为什么会这么认为？我们需要在此处考察《日本书纪》的编纂与大致同一时期律令体制的形成。

过去都认为，消灭苏我氏是改革的发端，之后发布《改新之诏》，表明长期的政治目标，然后随着律令制度的传入与建构，在701年颁布《大宝律令》[①]时开花结果。以长时段来看，大化改新指的是7世纪后半叶的整个政治运动。但是如果从律令制确立的时间点反推回去，将革新的起点定于讨伐苏我氏，并且将之后已经成为现实的一系列循序渐进的政治改革写成计划，也就是所谓的《改新之

① **《大宝律令》**：日本古代的基本法典，颁布于701年，是日本第一部成文法典，以中国唐朝的《永徽律》为蓝本，是一部以刑法为主、诸法合体的法典，《大宝律令》把关于刑罚的条文称为律，把关于国家政治制度的条文称为令。包括律六卷，令十一卷。其内容体系包括户田篇、继承篇、杂篇、官职篇、行政篇、军事防务篇、刑法和刑罚篇。

诏》。所以并不是因为有了《改新之诏》，才有公地公民与国司郡司制度，而是因为制定了公地公民与国司郡司的制度,完成律令,之后才把改革的根本计划作成《改新之诏》，然后在大化二年颁布。

《日本书纪》第25卷中，在《改新之诏》后面，巨细靡遗地记载了大化年间所施行的各种政治制度改革的情形。这可说是在《日本书纪》前24卷未曾出现的特征吧！历史的记载在这里产生了变化：不再是类似于应神天皇以来接连出现的大王继承问题和豪族间的势力之争这种纠缠不清的记录，而描写了朝廷团结一心地迈步创造新国家的图景。

大化六年（650年），管理现在山口县地区的国司向朝廷进献了一只白色雉鸡。在中国和韩国过去也有类似的例子，流亡的百济王子和佛教的高僧们认为，这种神圣动物的出现，象征着有英明的君主治理天下。因此，朝廷进行了夸张的仪式，发表了把年号从“大化”改为“白雉”的诏书。之所以我们会知道得如此详细，是因为在《日本书纪》中，非常冗长地说明了这段变更年号的经过。

对我们近代人而言，“出现白色雉鸡”应该不会造成这么大的骚动吧！顶多是电视台会把它当作稀奇的新闻报道而已。我们绝不会想到会有这样的新闻头条：《山口发现白雉！》《白雉今天到达皇宫》《宫内的庭园里放出白雉》《借此机会改年号——政府内部的意向坚定》。然而，在7世纪中叶的大和朝廷，却是这样的世界。

在近代的历史学领域，比起《改新之诏》所表述的公地公民与国司郡司制度，或者户籍与税制的改革，更值得关注的或许是对国家统治结构的解析。在中学也是一样，学生们拥有那些知识，才能真正理解日本这个国家应该要如何发展。山川版的教科书也把《改新之诏》作为一部分史料引用：

> 六四六年（大化二年）正月，在《改新之诏》中，发布了新政：废止豪族私有田舍及部民，田舍划归国有，部民转为公民，改行公地公民制。除了以全国性的人民、田地的调查和实行统一税制为目标，在各地设置名为“评”的地方行政组织，同时也改革中央的官制，营造规模庞大的难波宫。在王权和中大兄皇子的权力急速扩张的背景下，推动了中央集权化。这些发生于孝德天皇时代的改革，被称为大化改新。（第32—33页）

关于白雉与改年号的话题，在这里完全没有出现。不过，仆不认为你们不知道也没关系，相反地，这是你们应该知道的事情。原因从很早之前就已经告诉你们了。

◆2 “官人”的诞生

现在是大学考试的季节哪！对你来说，是3年后，但仆的同事和朋友，他们的小孩很多都要在今年参加大学考试。至于为什么会有入学考试，这是因为想从学力上选出优秀的人才进行培养。如果教学的对象是不经选择的，那就没有入学考试的必要了。“希望学习的欲望能够获得认可，所以以笔试的方式与他人竞争，筛选出分数较高者”——这就是入学考试的意义吧！不仅是大学入学考试，公务员任用考试、一般企业的就职测验也是一样，在合格者的人数有限的这个层面上，与入学考试是一样的制度（换句话说，这些考试与医师、律师等特定的各种资格考试是不一样的）。可以看出，这种竞争式的考试，并不是从最近才开始出现的。

7世纪后半叶的政治制度改革也包含了考试的部分。过去豪族们凭借自己的家世就可以出任朝廷公职，因此有祭祀的门第、军事的门第、外交的门第等世袭方式。但律令制度与世袭制度不同，官员的人事任用由天皇及其政府完全掌控，基本上不再根据家世门第，而改为选贤任能的方式。当然这些制度在中国，也是为了方便皇帝控制官僚，以使他们尽忠职守（实际上，虽然中国的家世门第也能发挥影响力，但是制度占据了更重要的位置）。这就是所谓的科举制度。

如果要详细谈科举，不专门写本书是难以说清的（关于科举，目前还没有哪本书可以超越宫崎市定的《科举》，更具体的请去看这本书）。这里只能大致地介绍一下这种根据书面考试成绩选拔官员的制度。

在现今的日本史学中，把古代在朝廷中工作的官员称为"官人"。官人大多是豪族出身，过去没有耕田的农夫或是在船上工作的渔夫突然被召去当官的先例。不过，官人们与过去的大和朝廷的组织成员性质并不相同。

第一，他们并不是作为自己出身家族的代表，而是在天皇身边担任公仆的角色。也就是说，他们服务的对象不是自己的私利私欲，而是日本这个国家。

第二，他们是使用文字（汉字）、负责行政工作的人。在改造律令的同时，也必须进行具体行政事务的文书化，所以他们需要具备能够改写过去文章格式的书写能力。而且这些行为并不是基于个人的意志，而是被要求忠实地施行中央政府的政策。

第三，这些官人能够获得等价的酬劳。实际上，仆并不清楚这能产生什么程度的效果，不过至少原则上，官人可以通过他们的职务和辛劳获得对等的酬劳。

647年，朝廷发布了“冠位七色十三阶”的制度。最高位是大织冠，以下依次是小织、大绣、小绣、大紫、小紫、大锦、小锦、大青、小青、大黑、小黑、建武，依照七种颜色再各分大小两阶（最下位的建武则没有这个区别）。这与推古天皇时的“冠位十二阶”很相似吧！

不过它与冠位十二阶的命名方式和每个位阶之间的区别是很不一样的。如果推古时代以来一直是采用冠位十二阶，那么就可以说新制度改变了冠位十二阶的制度。因此，自古以来，一直有这两者之间关系的研究。只是仆觉得这些考证并没有太大的可信度。因为仆认为，所谓推古时代的冠位十二阶，只是《日本书纪》的编者假托圣德太子的创造罢了。大概在历史上，这个始于大化改新时代的制度应该是第一次被确定下来的官人职阶制吧！

之后，在647年制度的基础上，依据职阶的细分，不断发展，649年提出了冠位十九阶，664年变成了冠位二十六阶，最后在律令被规范为三十阶制度：从正一位开始，到少初位下为止（在这期间，685年曾出现诸臣四十八阶，不过因为分得太细，连仆也无法理解）。

因此，所有朝廷中的官人，上至大臣，下至书记、郡司，都被列在同一个体系内。虽然皇族在职阶制的改变过程中，被移到其他的位阶序列，但是一般臣下仍然被放在“大王”之时的位置。“大王”也在此时变成了“天皇”。

顺带一提，大化改新的功臣中臣镰足，在去世前依照他的功绩被封为“大织冠”，也就是制度中的最高位，并赐姓藤原（这就是你妈妈的娘家姓氏的由来）。

✦3　天智即位之年

今天是2月26日，对日本陆军的年轻士官们来说，是政变纪念日（“二二六事件”）。这是关东南部一年中最容易出现降雪的季节，1936年的今天也不例外。九段的青年军人们高喊着“昭和维新”，他们认为明治维新的成果被腐败的政治家和财阀夺走了，因此他们想要恢复维新的根本精神，实现理想的天皇统治。仆认为，他们并不是为了满足个人私利、私欲或权力才这么做的。当然，即使这样，夺走政界重要人士生命的行为也不会被认同。

前文已经说过，明治维新以后，大化改新开始被视为明治维新的原型。所以青年军人们才会抱持着“大化改新像”，并把它当成一种理想。正如中大兄皇子在天皇面前刺杀了苏我入鹿，他们应该也坚信，断送夸耀权势的政治家的生命，都是为了昭和天皇吧！

现在一般也认为，大化改新的主角是中大兄皇子。不过也有部分人对此持批评、修正的态度。相对地，他们认为改革的主角应该是孝德天皇（远山美都雄的《大化改新》、中村修也的《虚假的大化改新》等书中有详细说明）。这种看法应该是正确的吧！

即使654年孝德天皇逝世，身为皇太子的中大兄皇子却没有即位，反而是他的母亲、孝德的姐姐齐明天皇即位。她也是之前的皇极天皇，这是她第二次即位。

在这一时期，朝鲜半岛上的新罗与唐朝结盟，扩张势力，压迫百济。朝廷决定援助百济，所以661年天皇亲自前往九州岛，不过她却在远征开始前就过世了。那一年，中大兄虽然以皇太子名义称制，但没有正式即位，随后663年就经历了白村江之战[①]。

唐与新罗联军大败日本与百济的联合军队。百济灭亡，日本则是丧失了自“倭五王”时期以来在朝鲜半岛的势力范围。此后，中大兄皇子接纳了来自百济的流亡者，朝向技术革新、改革制度等内政变革目标迈进，在668年正式即位。在此之前，我们都以名字称呼他，但现在他就是天智天皇了。

---

① **白村江之战**：663年8月27日至28日，唐朝、新罗联军与倭国、百济联军于白江口（今韩国锦江入海口）发生的一次水战。唐朝水军在刘仁轨的指挥下，充分发挥自身优势，大败兵力、船舰皆数倍于己的倭国水军。《旧唐书·刘仁轨传》记载：“仁轨遇倭兵于白江之口，四战捷，焚其舟四百艘，烟焰涨天，海水皆赤，贼众大溃。”此次战役是中日两国作为国家实体进行的第一次交战，也是东北亚地区已知较早的一次具有国际性意义的战役。

天智天皇临朝称制的661年，在日本历史年代中，是值得纪念的一年。因为以这一年为基准，确定了神武天皇的即位年(也有一说是以601年圣德太子的摄政期为基准)。

你知道汉字“干支”吗？现在的日本也有将“子、丑、寅、卯、辰、巳、午、未、申、酉、戌、亥”十二地支就称为干支的说法，而“干”的部分已经被遗忘了。其实干是“甲、乙、丙、丁、戊、己、庚、辛、壬、癸”这十天干。仆出生的年份是壬寅，你则出生于癸酉，2008年是戊子年，而661年是辛酉年。

十天干十二地支中的10与12的最小公倍数是60，所以干支的组合全部共60种，换言之，第61年就会轮回到同样的干支。所以到了60岁，就开始重生，因此称为“还历”。

因此也有人认为，中国古代在辛酉年和甲子年有很大的变革也是这个缘故，这正是所谓的“辛酉革命，甲子革令”[①]。从8世纪到19世纪，这两个干支之年，几乎都会出现改元。这么说起来，简直像是时间重置一样。

---

① 语出《诗纬》:“十周叁聚，气生神明。戊午革运，辛酉革命，甲子革政。”纬书是汉代以神学星相数术解释儒家经义的一类书。《易》《书》《诗》《礼》《乐》《春秋》及《孝经》均有纬书，称“七纬”。纬书内容附会人事吉凶，预言治乱兴废。纬书兴于西汉末年，盛行于东汉，南朝宋时开始禁止，及隋禁之愈彻。常与“谶书”并称。按照中国的谶纬之说，辛酉革命、甲子革令，皆是改弦更张的良机。这种学说也传入日本。其中最著名的当属三善清行的《革命勘文》:“《易纬》云:‘辛酉为革命，甲子为革令。’郑玄曰:‘天道不远，三五而反。六甲为一元，四六、二六交相。七元有三变，三七相。廿一元为一蔀，合千三百廿年。’”

所以，这样60年的一循环，如果重复22次（也就是1320年会遇到一次），被认为会有更大的变动出现。因此，从天智天皇即位的辛酉年（661年）开始回溯，那么公元前660年，也就是神武天皇的即位之年了。

以上，是像实时上课一样的闲聊。

从661年开始，不看过去，而是往未来前进1320年，也就是最近的辛酉年（1981年）。这一年日本有什么大大的变动吗？这是个非常难以回答的问题，不过实际上，答案是肯定的。现在可能谁也没注意到，但是总有一天它一定会成为重大事件的，让世界上的人都恍然大悟地说："啊！那年发生了那件事啊！"——1981年，一个名为小岛毅的男子通过了东京大学的入学考试。（所以前面就说是闲聊了吧！但是闲聊归闲聊，干支的结构千万不能忘记喔！）

不过，尽管这么说很煞风景，但也有人认为发生大变动的间隔"并不是22个60年"，"而是21个60年"（即1260年）。因为如果照这样看，回溯的基准就变成了601年（圣德太子的摄政期间）。

✦4 内乱与女帝

前一节花了很多时间说明干支的问题，故事的进行好像有点延宕，或说已经拖了太久了。我们现在才到7世纪中叶而已。

不过别急，到达661年的天智即位之前，已经过了神话上的建国以来的“1320年”(60×22),如果以1981年“小岛毅的大学入学考试合格”作为其中一个终点来看，可以计算出这一章刚好达到一半的时间。很厉害吧？

向中国学习政治制度和理论，订定“日本”这个国号，作为国家，大和朝廷已经整装待发了。不论是祥瑞改元或是辛酉革命论，也都是向中国学来的事物。

继7世纪初期的遣隋使之后，派出的遣唐使（630年、653年、654年、659年、665年、669年），带回来自唐朝的信息；同时也与在白村江之战后断交的新罗重建了外交关系，派驻使节互相往来。因此，律令的编纂工作继续进行，在689年的《飞鸟净御原令》[1]之后，701年完成了《大宝律令》。如前所述，在这个时间点，天皇称号与年号也都齐备了，日本国的样貌才准备妥当。从文武天皇的年号“大宝”开始，日本的年号此后就没有断过。

不过在这期间，还是发生了天皇家的内部斗争，即“壬申之乱”[2]。壬申也是干支，时值672年。

壬申之乱是天智天皇的弟弟与儿子之间展开的继承之争。因为《日本书纪》是以胜利者天武天皇（天智天皇的弟弟）的立场来编纂的，所以谈不上是公平的记载。但是没办法，对于本应在天智天皇之后即位的太子大友皇子的治世，什么也没提到。因为他并没有即位，所以天智天皇之后是天武天皇，这是《日本书纪》以来的天皇年表中的排列方式。在研究者之中，也有人认为这本史书的编纂是为了将壬申之乱正当化。

批评这种天皇年表的排列方式的是江户时期的《大日本史》。前文也提到，这本史书的三大特点之一就是“认同大友皇子为天皇”。之后到了明治时代，大友皇子被追封为弘文天皇。

---

① **《飞鸟净御原令》**：681年（天武天皇十年），天武天皇命粟田真人、伊吉博德编纂《飞鸟净御原令》，次年8月完成，令共二十二卷，律未完成。689年（持统天皇三年），《飞鸟净御原令》开始实施。

② **壬申之乱**：发生在672年（天武天皇元年）的日本古代最大规模的内乱。一方是天智天皇的太子大友皇子，另一方是天智天皇之弟大海人皇子。结果大海人皇子获胜。大海人皇子在军事上和政治上，正是借助于不满朝廷的东国地方豪族的支持而取胜的。近江朝廷被消灭后，天武天皇再次把都城迁往飞鸟。

在壬申之乱取得胜利的天武天皇，手中握有强大的权力，柿本人麻吕[①]作了一首著名的和歌：“维皇斯神，爰在于天。云雷之上，为斯行殿。”[②]大王即天皇，是以人的姿态现身以接受崇拜的神。

天武天皇去世后，在他众多的妃子所生的皇子中，谁能够成为继任者，引发了严重的问题。在壬申之乱中帮助丈夫天武的持统天皇（天智之女），在藤原不比等[③]（镰足之子）的支持下即位，等待她的儿子草壁皇子长大成人。不过，因为草壁皇子27岁就去世了，于是持统天皇让位给孙子文武天皇。但文武也在24岁时就过世，在等待他的儿子首皇子长大前，先由元明、元正两代女帝过渡，直到724年圣武天皇才即位。[④]

---

① **柿本人麻吕（约660—约720）**：日本飞鸟时代的著名诗人，与奈良时代歌人山部赤人并称“歌圣”。他所写的和歌均收录在日本最早的、篇幅最大的民族诗歌集《万叶集》中，号称《万叶集》第一之歌人。

② 出自《万叶集》卷第三（0235），《天皇御游雷岳之时，柿本朝臣人麻吕作歌一首》，原句为：“皇者　神二四座者　天雲之　雷之上爾　廬為流鴨”。本文选用钱稻孙的中译文。

③ **藤原不比等（659—720）**：飞鸟时代至奈良时代初期的公卿，是由天智天皇赐下“藤原”之姓的中臣镰足之子，被认为是藤原氏实质上的始祖。有两个女儿嫁入天皇家，在当时掌握实权。参与撰修《大宝律令》，尽力于律令政治的实施。

④ 首皇子作为文武天皇的长子出生，但7岁时父亲去世，因此由文武天皇的母亲元明天皇（天智天皇之女）作为过渡性的天皇即位。714年（和铜七年），首皇子元服后，正式被立为太子，但因为体弱多病，也因为皇族势力与藤原氏的外戚势力对立，即位被延期，文武天皇的姐姐元正天皇再一次作为过渡天皇即位。首皇子24岁时，元正天皇让位，首皇子即位成为圣武天皇（701—756）。

圣武天皇的时代，根据他的年号称为“天平时代”。他推行保护鼓励佛教发展的政策，建造奈良大佛[①]，也在全国各地广建国分寺、国分尼寺。不过这么做却没能保佑自己的皇子平安长大，他在治世25年之后（749年），让位给女儿孝谦天皇[②]。她曾经一度让位给淳仁天皇（天武天皇的孙子，舍人亲王之子。舍人亲王是《日本书纪》的总编纂）。后来又废黜他，自己复位，改称称德天皇。

到这里，从推古天皇开始，皇极（齐明）、持统、元明、元正、孝谦（称德），共有六位八代的女帝走上天皇之位。自推古即位（593年）到称德逝世（770年）的180年间，大概有三分之一的时间是由女帝统治的。推古之前并没有女帝，称德之后的下一个女帝则是江户时代的明正天皇，所以这一期间是非常引人注目的（因为推古天皇之前的记录不算是史实，所以没有太大意义）。另外，在明正天皇之后，18世纪后半叶的后樱町天皇，以现在来看，是最后的女性天皇。

关于古代的女性天皇，有许多研究者参与讨论，但要归纳整理来介绍并不容易。不过，在此仆想要批评的是，

---

① **奈良大佛**：日本奈良东大寺金堂之庐舍那（毘庐遮那）大佛像，起铸于天平十九年（747），至天平胜宝元年（749）始成，是现今日本保存的最大铜像。大佛虽经数度修缮，仍保存奈良旧观。

② **孝谦天皇（718—770）**：是日本史上第6位女帝，天武天皇系最后的天皇。曾让位于淳仁天皇，764年藤原仲麻吕之乱后，她废黜淳仁天皇，重登皇位，即第48代称德天皇。她的母亲是日本史上第一位人臣家（藤原氏）出身的皇后藤原光明子（即光明皇后，在她之前的皇后都是出身皇族，属家族内部通婚）。

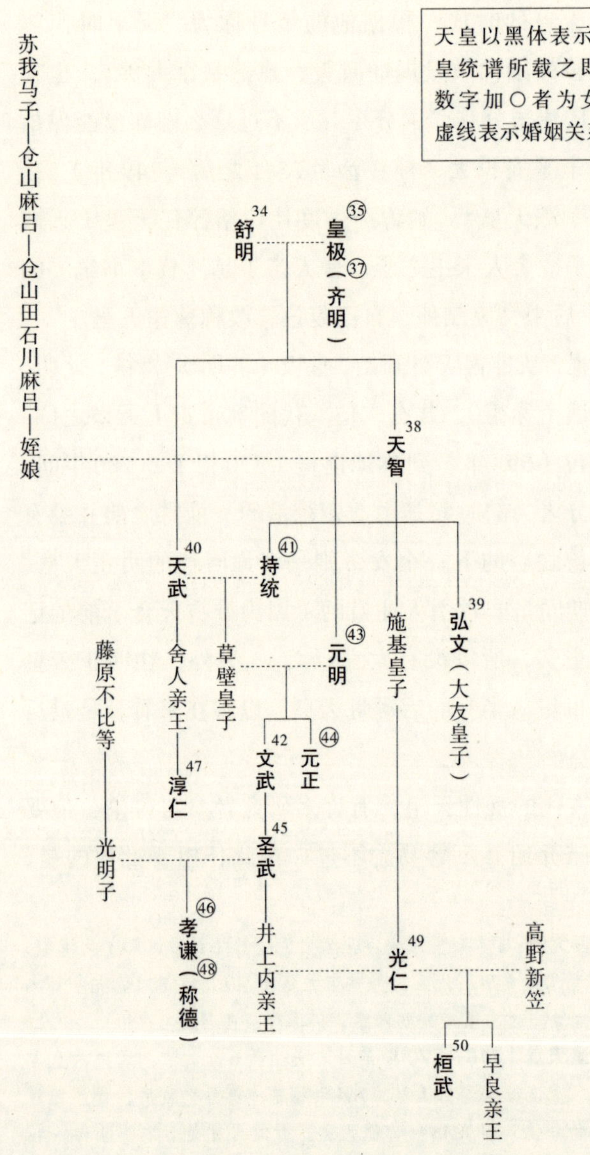

第34到第50代天皇世系图（除第36代）

这并不是只有日本才具备的特性。新罗也曾有女王活跃的时期，更何况，当时东亚文明的中心唐朝，也出现武则天，她是中国历史上唯一的女皇帝。

相隔30多年后，701年日本再次派出遣唐使。在《大宝律令》完成的背景下，此次派遣被认为是为了去宣告"我们不是倭，而是日本"。不过这个使团，严格来说并不是"遣唐使"。因为那一年，"唐"这个王朝并不存在，这个使团要前往的不是"唐"，而是"周"。因为武则天即位之后，就将国号改为周了。所以正确来说，是"遣周使"才对。

容许女性成为君主的风气，只盛行于7—8世纪的东亚而已。至于为什么会如此，讨论似乎还在进行中，尚未有结论。所以仆认为，这个问题不应该只局限于讨论日本国内的"女帝论"，而应该要从世界的角度，把它当作一种现象来看待。

称德天皇去世后，天武天皇的直系血统就断绝了。因此，便由天智天皇的孙子光仁天皇即位，而光仁的儿子就是著名的桓武天皇[①]。桓武的母亲（光仁的妃子之一）被认为有百济的血统，所以在光仁的周围有来自渡来系家族

---

① **桓武天皇（737—806）**：日本第50代天皇。光仁天皇长子，生母是以百济武宁王为祖的王族后裔和氏出身的高野新笠。后因宫廷政治斗争，出身低下的他因藤原百川的支持而即位。他在位期间，最澄（日本天台宗之祖，也是日本著名的渡来人一族）和空海（日本真言宗之祖）由大唐回到日本，他积极推动天台宗、真言宗等新兴佛教宗派的发展，以取代与政权关系紧密的旧有的奈良佛教宗派。784年将首都从平城京（奈良）迁往长冈京，794年再次迁都平安京（即京都，在明治维新迁都东京之前一直是日本的首都）。

的势力环伺。

桓武天皇迁都平安京，明治时代的平安神宫[①]的建设以及那里的祭神仪式都是由此而来。迁都之年是“黄莺在歌唱（七九四）[②]，平安京”。根据你妈妈的“学说”，建造了后来持续千百年的京城的桓武天皇，在日本历代的天皇中，应该可以说是最伟大的吧！

为什么这么说呢？因为平家的祖先，也就是仆的祖先。这不只是说笑而已。将“日本的历史”与“天皇家的历史”分割的原因之一，就是很多日本人都认为自己是天皇的子孙。平家是从桓武天皇分出来的一支，源氏则是来自平安时代的天皇们（清和天皇和宇多天皇）的亲戚。如同前文在介绍《日本外史》时所批评的，江户时代后期的日本人，家谱上的祖先不是源氏，就是平家，或者是藤原氏。这么一来，自己的家族根源都可以追溯到古代的天皇家了。虽然完全是一种装饰，但是在家谱的顶端放上了“葛原亲王”（桓武天皇的皇子）的字样，也为我们小岛宗亲的家谱增添不少光辉。

仆想要告诉你的不是“天皇中心的日本史”，而是“在东亚之中的日本史”。虽然到目前为止，我们花了相当大的篇幅在“天皇家的故事”上打转，但这是为了要让你们清楚地认识那些蕴含在故事里的问题。接下来，就要用稍微不一样的方式来描述从桓武天皇开始的平安时代了。

---

① **平安神宫：**1895年为了纪念桓武天皇迁都到京都1100周年而建造，其中也表达了人们专心致力于复兴京都的夙愿。

② 原文“鳴くよ（七九四）”有谐音，以便记住迁都的年份。

◆5　圆仁的大旅行记

755年，唐朝的节度使安禄山发动叛乱。他以现在的北京附近为根据地，拥有强大的兵力。安禄山的军队以首都长安为目标发起进攻。次年，玄宗皇帝放弃防卫首都，在士兵的护送下入蜀避难，而安禄山自称皇帝。但不久后他就被儿子安庆绪所杀，军队内部分裂，加上异族军队协助唐皇帝，使原本居于劣势的唐军反败为胜，夺回长安。763年，那场大叛乱终于平息。

不过这个事件动摇了唐的根基。之后虽然唐王朝仍维持了将近150年，但却无法再回到当初的繁华盛世。这不是单纯的唐朝一代的问题，因为以这个事件以及在此前后的社会变化为界，可以大致将公元前3世纪的秦始皇即位到1911年的辛亥革命为止的两千年王朝历史，分为两个部分。不仅如此，整个东亚都因为这个事件而面临着相当大的变动期。

安禄山原本就不是汉人出身，他是粟特人[①]，一个以在丝路上经商而闻名的民族。另外，帮助唐朝平定安史之乱的回纥军队，也是西北的游牧骑马民族。唐之所以可以称为世界帝国，就是因为这些汉族以外的民族非常活跃。他们储备势力，所以才能登上舞台。不只是他们，唐周边的其他民族也在各自独立发展具有当地特色的文化。

这就是日本在桓武天皇于781年即位时的国际形势。那一年，779年出使的遣唐使回国了。根据保立道久的说法，这位遣唐使出使唐朝的目的在于，日本国内为纪念桓武成为皇太子，故遣使使唐朝知晓。(《黄金国家》，青木书店。)

到这里，让我们来整理一下从奈良时代开始的遣唐使的历史吧！

之前提到过在大宝年间，即702年派遣遣唐使的事。710年迁都平城京，直到717年才再次派出遣唐使。这次船队中随行的还有阿倍仲麻吕[②]、吉备真备[③]、僧玄昉[④]等

---

① **粟特人**：在中国古代史籍中叫“昭武九姓”“九姓胡”。以撒马尔罕为中心，有九个绿洲王国，即康、安、曹、石、史、米等国。从东汉时期直至宋代，他们往来活跃在丝绸之路上，以长于经商闻名于欧亚大陆。后来唐朝逐渐东迁，因此唐朝出现不少唐化的粟特人，包括安禄山、史思明等。后来帮助唐朝平定史思明乱事的李抱玉，也是祖先迁居到武威的粟特安国后裔。

② **阿倍仲麻吕（698—770）**：中文名晁衡。717年3月，他随船队从难波（今大阪）起航，9月抵达长安。进入国子监太学，毕业后参加科试，一举考中进士。其才华很快得到唐朝廷的赏识，最终官至左散骑常侍兼安南都护。他与唐朝著名诗人王维、李白、储光羲等人关系亲密。753年，离开长安返回日本，在回国途中遭遇风暴，漂流（接下页）

学识优秀的留学生。

吉备真备回国后，成为传说中的大学者“吉备大臣”，玄昉则是成为佛教界的重要人物。只有阿倍仲麻吕终究没有回国，你知道经常被引用的《百人一首》中，有一首“翘首望长天，神驰奈良边；三笠山顶上，想又皎月圆”[①]，正是他在思念家乡时所写下的诗歌。另外，这首诗歌所歌咏的地点，是他准备启航回国的港口，也就是现在的宁波[②]。

吉备真备与玄昉是与733年派出的遣唐使一起回国的。752年，吉备真备以遣唐使团副使的身份再度赴唐。该使团在次年陪同鉴真东渡日本。再下一批遣唐使在759年出发，恰逢前文介绍过的安禄山之乱正盛的时候。当时，使

（接上页）至安南。755年，历尽艰险，再入长安。770年，逝于长安。

③ **吉备真备（685—775）**：日本奈良时代的学者、政治家（公卿），曾两次出任遣唐使，官至正二位右大臣。717年，第一次随遣唐使团入大唐朝拜、交流。在唐将近19年，研究了唐代的天文、历法、音乐、法律、兵法、建筑，均有较深造诣。735年，携带众多的典籍回到日本。752年，作为遣唐副使第二次入唐，与阿倍仲麻吕再会。使团于753年至扬州拜访著名高僧鉴真，途中漂流到了屋久岛，但最终与鉴真大师一起平安到达日本。著有《私教类聚》等。

④ **玄昉（？—746）**：奈良时代僧人。717年，随遣唐使团入唐，从智周学法相宗。留学近20年，受唐玄宗赐紫袈裟。735年，返回日本，带回经纶5000余卷及佛像，以兴福寺为弘法中心。与橘诸兄、吉备真备一起活跃于当时的政界，被尊为法相宗“第四传”。藤原广嗣叛乱后，被贬为筑紫观世音寺别当，不久后圆寂。

① 753年，阿倍仲麻吕启程返回日本，他难掩心中思乡之情，口中唱吟着思念故乡的和歌《三笠山之歌》，原文为：天の原ふりさけみれば春日なる三笠の山にいでし月かも。

② 另有说法，遣唐使团是从苏州黄泗浦启航，即现在的江苏鹿苑。

团的规模小到只有一艘船。虽然接着在761年、762年也有派遣计划，但是都中止了。之后到了桓武之父、光仁天皇777年治世之时，虽然再次派出遣唐使，但四艘船都遇上海难漂流无踪，并没有到达大唐。[①]到了779年的那批遣唐使，应该可以说是一改过去的情况，继752年之后，再次确实地完成了遣唐使的任务吧！

桓武天皇晚年（根据保立氏的看法，这也是为了纪念他的儿子成为皇太子），即804年时再次派出遣唐使，最澄与空海同行前往。他们并不像吉备真备和玄昉那样，没等到接替的遣唐使来到，就在次年与这个使团一起回国，然后各自传播天台宗与真言宗。30年后，即838年，是最后一次派出遣唐使的时间。因为在这之后有计划的遣唐使便到了50年后的894年，因为大使菅原道真[②]的建议而中止，之后就再也没有派出遣唐使了。

838年，搭乘最后的遣唐使船渡海赴唐的人里，有一位名为圆仁的僧侣。他是最澄的门下弟子。与最澄不同，他希望能够长久待在唐朝，所以次年使节要回国的时候，

---

① 另有记载显示，777年派出的遣唐使团确实抵达大唐，并在次年返回日本，归国途中遭遇海难，副使及唐使遇难。

② **菅原道真（845—903）**：平安时代中期公卿、学者。生于世代学者之家。长于汉诗，死后被尊为“雷神”“学问之神”。他深得宇多天皇、醍醐天皇的信任和重用，894年被任命为遣唐使，但根据唐朝国内形势和渡海艰险，提出停派遣唐使的建议，故未成行。899年，任右大臣职。901年，因左大臣藤原时平谗言于天皇，被贬到九州大宰府担任权帅，后抑郁而终。

他偷偷下船逃亡，躲藏起来。虽然他立刻就被唐朝的官差找到，但后来被允许前往长安，在那里学习佛教。后来他经历了唐武宗对佛教的镇压（845年的会昌废佛），遭到禁闭。在他终于得到回国的许可时，却已经没有遣唐使继续前来。于是，他历经千辛万苦，还搭乘了新罗的商船，才在849年回到日本。记录这十年间的旅行日记《入唐求法巡礼行记》，被美国学者埃德温·赖肖尔（Edwin Oldfather Reischauer，1910—1990）评为“亚洲三大旅行记”之一；另外两本则是玄奘的《大唐西域记》与马可波罗（Marco Polo，1254—1324）的《东方见闻录》。

在美国，因为受到赖肖尔教授所写的教科书的影响，圆仁的这本旅行记非常著名。不过，日本的教科书里却没有记载《入唐求法巡礼行记》。山川版教科书里对于圆仁的介绍也仅有“天台宗也在最澄之后，因为唐朝求法的弟子圆仁、圆珍而真正纳入密教”[①]，真是太令人感叹了！

桓武天皇的时代发生了前文所提到的对东北地区的侵略。收服阿弖流为是在802年，也就是最澄、空海赴唐的两年前。桓武天皇政府在794年迁都平安京，从而开始建设新的国家。

实际上迁都平安京，都是照着784年移往长冈京的方法来进行的。不过，似乎是因为桓武天皇的亲信藤原种继

① 天台宗和密宗在中国是不同的教派，而由最澄（767—822）传入并建立的日本天台宗的特点则是将天台宗与密教结合，形成所谓“台密”。

被暗杀，桓武的弟弟、也就是皇太弟早良亲王被当作主谋者而逮捕，最后死于非命，大家认为他的怨灵会作祟，所以迁都。放弃被诅咒的长冈京，建设平安京以取代其作为首都。

桓武天皇一直空置左大臣的官位，不由贵族主导，而是亲自掌理政治。据说他重视地方政治，裁撤无用的职位，使政治运转更加有效率。反过来说，中央政府对地方严格统御，试图将日本改造成团结一致的国家。对东北地区的侵略政策也是其中的一环；在另一方面，作为与大陆窗口的九州岛大宰府的整建也在推进。如前所言，桓武天皇因为自己的母系有来自渡来系家族的血统——现在的天皇陛下在2002年日韩共同举办的世界杯足球赛期间，也亲自提到这个问题——相比于建造大佛的圣武天皇为代表的天武系天皇们，或许桓武天皇所拥有的大陆观和他们是完全不一样的。

直接输入律令和佛教的时代结束了。说起来，被视为模范而备受景仰的大唐帝国也已经瓦解了。构成日本这个独立国家的基础，也已经设置完成。平安时代就是这样的时代。

◆6　太阴太阳历的故事

今天是2月29日，是四年一度的闰年里才有的日子。大家常开玩笑："今天出生的人，因为四年才过一次生日，所以几乎都不会老。"演员饭岛直子好像就是今天生日（对了，所以她总是看起来年轻又美丽啊！这就是中年大叔的调调吧！）。

总之，2月在历法上是个很奇怪的月份。你知道为什么吗？

仆在学校使用的英语教科书里有关于这点的说明。

很久以前，以埃及的太阳历为基础创造的儒略历①，是

---

① **儒略历**：由罗马共和国独裁官儒略·恺撒（即盖乌斯·尤里乌斯·恺撒）在埃及数学家兼天文学家索西琴尼的协助下，于公元前45年1月1日起执行的取代旧罗马历法的一种历法。一年设12个月，大小月交替，四年一闰，平年365日，闰年于2月底增加一闰日，年平均长度为365.25日。由于累积误差随着时间越来越大，1582年由教皇格里高利十三世改善，变更为格里高利历，即沿用至今的公历。

以3月为一年的开始。所以现在的英语里，9月是September（拉丁语第七个月）、10月是October（第八个月）。7月是恺撒（Julius Caesar）的出生月，所以称为July；8月是奥古斯都（Augustus）的出生月，所以称为August。在太阳历里，虽然31日的月份与30日的月份穿插排列，但据说因为奥古斯都不满意自己的月份日子比恺撒少，所以把8月也变成了31天。因此，7月与8月这两个大月就并列了。由于受到这个影响，所以排在年底的小月2月（12月与1月也是大月并列）就变成比其他的月份少了2天，只有28天。

你知道包含二月在内的小月，日文里有“二、四、六、九、士”这种记忆方式吧！“二、四、六、九”各是以原文“にしむく”的第一个发音来代表，而把“十一”连在一起写就是“士”，也就是“さむらい”（武士）。

之所以会闲聊这些，是因为接下来想要从这里展开说明日本过去的历法。日本是在1873年（明治六年）开始采用太阳历的（详情请参考，冈田芳朗:《明治改历:“时”的文明开化》，大修馆书店）。

在此之前，日本所使用的是东亚式的历法，也就是今日所说的“旧历”。理所当然，发明这个历法原理的是中国。就像前文曾经提到的，神武天皇在公元前660年正月元旦在橿原即位，就是基于这个东亚式历法的记载。当然，如果依据《古事记》和《日本书纪》的说法，就算那个时候日本与中国并没有交流也无关紧要吧！

把“神话”故事的发生，当作历史上的事实，因此谁也无法断定，日本国内在何时开始使用中国传来的历法。目前比较清楚的是，在律令制订的过程中，才将其书面化。持统天皇在位时，即692年所使用的元嘉历[①]，就是5世纪时中国创造的历法。而在5年后的697年，很快便改用另一种历法，在7世纪唐朝的影响下，变更为使用当时制定的仪凤历[②]。764年开始使用的大衍历、858年的五纪历、862年的宣明历，都是同期传入的由唐改订的历法。之后直到1685年为止，一直使用的是宣明历。

说起来，为什么中国总是在修改历法呢？而太阳历在公元前1世纪由恺撒变更之后，只在1582年（正是日本发生本能寺之变那年），改订为格里高利历[③]后，一直沿用至今。

因为中国使用的历法并不是太阳历（一年365天，像今年这样的闰年就是366天），也不是伊斯兰教使用的太

---

① **元嘉历**：南朝宋元嘉二十年（公元443年），天文学家何承天创立的历法，属于阴阳历。元嘉历订正了旧历所定的冬至时刻和冬至日所在位置，改“平朔”为“定朔”，创立调日法。元嘉历从南朝宋传到百济之后，一直使用至百济灭亡后的661年。一般认为元嘉历是554年通过百济传到日本的，日本则直到公元697年才废除元嘉历，正式采用仪凤历。

② **仪凤历**：中国称为麟德历，唐高宗诏令李淳风所编，于麟德二年（665年）颁行。它简化繁琐的计算，并废止十九年七闰的“闰周定闰”。开元十七年（721年）后逐渐被太衍历替代。日本在697—763年采用这一历法，因为是唐朝仪凤年间传入日本，所以日本称为仪凤历。

③ **格里高利历**：由意大利人阿洛伊修斯·里利乌斯与克拉乌等学者，在儒略历的基础上加以改革，后由教皇格里高利十三世于1582年颁布。即现在俗称的公历。

阴历[①]（一年约354天），而被称为太阴太阳历（阴阳历）。太阳就是太阳，太阴则是指月亮，简单来说，阴阳历就是同时依据太阳和月亮的运行所制定的历法。在阴阳历中，一年有13个月份的年，在十九年会有七次，因此这个历法配合了月亮的公转周期的12倍，也配合了地球公转周期。这个第十三个月就被称为“闰月”。

另外，为了调和月球的公转周期与地球的自转周期，1个月的长度也就根据各自的情况而有29天或30天。所以并不是一定按照“二、四、六、九、士”的规律来决定“小月”。虽然想讲得更详细一点，不过还是就到此为止吧！

因此，决定29天或30天的计算还真的很麻烦。因为天体的运行速度本身会随着时间而产生微妙的改变，不管是怎样精确的天体观测，还是会产生误差。所以，尽可能精密地观测之后，却又发现“咦？怎么与历法不同了”的时候，就不得不重新改制历法。因为这个缘故，唐代多次改历，日本从7世纪到9世纪也经常跟着变更历法。

宣明历之所以持续使用了800年，一是因为遣唐使时代结束，从中国直接输入制度的风潮也跟着退去；二是以历法的实用性来看，宣明历的准确度已经足够应付当时需求；三是因为日本国内也没有人提出要创造新历以取代宣明历。后来1685年采用涉川春海的贞享历取代宣明历，

---

① **太阴历**：在天文学中与阳历对应，指主要按月亮的月相周期来安排的历法。它的一年有12个朔望月，约354或355日。主要根据月亮绕地球运行一周时间为一个月（29.5306天），大月30日，小月29日。纯粹的太阴历有希腊历和伊斯兰历。

于是贞享历也成为史上第一部日本人自己编制的历法。

涉川春海的成就在山川版的高中教科书里有特别提到。教科书里面设计了“历”这个专栏，右边则简洁扼要地整理了需要说明的内容。涉川春海“修正历法的误差，创造了日本特有的历法（贞享历），因为这一成就，他被任命为幕府的天文方”。附带一提，这里的“天文方”所构成的组织，就是东京大学的前身，这已经成为公认的历史认知了。

但是实际上，被称为贞享历的历法，严格来说并不是“日本特有”，它是根据13世纪元朝所制定的授时历[①]改定的。中国在唐之后也不时改历，其中就包括采用比过去更严格精密的计算方式的授时历。

江户时代以后，也在宝历、宽政、天保年间进行过三次改历，但每一次都只是对贞享历进行微小的修正而已。天保历之所以被废弃，是因为前文提到的1873年（明治六年）的文明开化的影响。

不过，仆并不认为让2月遭受不合理待遇的太阳历，比起以精密计算为基础的阴阳历更“文明”。只是若以今天为例，根据东亚的历法，就要称为“正月廿三日”才对吧！

---

① **授时历**：1281年（元至元十八年）颁行，由许衡、王恂、郭守敬等人实测编制。其法以365.2425日为一岁，与近代测定的地球绕太阳公转一周的实际时间仅差26秒，精度与格里高利历相当。

◆7 从“梅之都”到“花为樱”

那么，让我们再度回到桓武天皇的时代吧！虽然不知道是谁发明了“黄莺在歌唱（七九四），平安京”这种迁都年代的默背法，但仆对此给予相当高的评价。因为他用了“黄莺”（u gu i su）这个词。为了合乎音韵，只要是四个音节的动物，不是黄莺也无所谓，例如蚱蝉（ku ma ze mi）、铃虫（su zu mu shi）、狼（o o ka mi）等会叫的虫或动物，看起来也很适合，不过这里用了黄莺，应该是有“梅花黄莺”的联想吧！平安京正是以“梅之都”作为开始的。

这么说可能会让人发出“咦？”这样的疑问吧！提到京都的“花”，必是樱花。因为国语课上老师都教我们，平安时代的文学作品里如果单纯只写“花”，指的就是樱花。

这就是今天的主题了。“梅之都”何时成了“樱之都”呢？

你知道梅花曾经是中国的国花吗？台湾中华航空的飞机上，现在也印着大大的梅花。自古以来，在中国文化里，梅代表君子，被尊为伟大人物的象征。

不用说，大和朝廷的人自然也模仿这个典故，特别看重梅花。在《万叶集》中，诗人们最爱的花是梅花。这种在早春盛开的花拥有馥郁的香气，让桓武天皇创建的平安京也以其盛放的景象为傲，接替了被誉为“繁花似锦”的奈良平城京。

901年，菅原道真在政变中失势，在九州岛大宰府之地抑郁而终。他也以爱梅诗人而著称，因此视他为神而祭祀的天满宫，必定会种植梅花。自称是他后代子孙的人，也会用梅钵[①]作为纹样。江户时代最大的大名加贺的前田家的家纹好像就是梅钵纹。现在残存于东大本乡赤门附近的土墙，是前田家的江户宅第遗迹，上面就刻有梅花的图案。

由于菅原道真的建议书，中断了遣唐使，也因为唐的灭亡，遣唐使时代终告完结。菅原道真死后的905年，纪贯之等人在平安京编纂了《古今和歌集》,标志着世称为“国风文化”的时代的来临。

纪贯之此后前往高知县担任国司之职，他从高知县回京都的路上写下了游记《土佐日记》[②]。开头的一段“男

---

① **梅钵纹**：家纹中的一种图样。以写实表现梅花的是“梅花纹”，将梅花几何图形化的则为“梅钵纹”。

② **《土佐日记》**：由平安初期的和歌圣手纪贯之在承平五年（935年）所写的日记体作品，是他从土佐（高知县旧称）回京都途中的旅途见闻日记。当时男性一般都以汉文写日记，纪贯之却故意假借女性身份以平假文写下这部游记。因而在作品中，纪贯之是以“某人”或“船君”出现。又因为当时女性没有写日记的习惯，所以纪贯之也是“平假文日记”文学的首创者。

人会写日记这种文章，女子我也来写写看吧”。(原文：男もすなる日記というものを、女もしてみんとてするなり。)在古典的文法教科书中，一定会说明助动词“なり”的用法。“すなる”中的“なる”，据说与“するなり”里的“なり”一样，作为断定的助动词。这段文章是身为男性的纪贯之假装成女性，以女性的用字写下属于男性才会写的日记，是结构相当复杂的内容。

《古今和歌集》与《土佐日记》不用仆说，大家都知道是平安假名文学草创时期的古典经典名著。另外，《竹取物语》和《伊势物语》也是用假名写成的。因此，从10世纪末到11世纪初，以紫式部[①]、清少纳言[②]为首的女性文学家辈出，出现了假名文学的黄金时代。当时，政治上是以藤原道长[③]为代表的摄关政治的巅峰时代。

---

① **紫式部**：确切生卒年不详。一般认为她出生于973年前后，去世于1019—1025年之间。平安时代女作家，出身贵族文人世家，本姓藤原，其名不详。“紫”取自其作品《源氏物语》的主要人物紫之上，“式部”来自其父兄的官职“式部丞”。后来，她丧夫寡居，后应召入宫侍奉一条天皇的中宫藤原彰子，开始创作《源氏物语》。其代表作长篇小说《源氏物语》对之后日本文学的影响极大。另著《紫式部日记》，成书于1010年秋。

② **清少纳言(966—1025)**：平安时代女作家。姓清原，名不可考。生于世代文官家庭，能读汉书。一条天皇时入宫侍奉中宫藤原定子。她的随笔作品《枕草子》执笔于宫中供职期间，成书于离开宫廷之后。《枕草子》被誉为“日本散文的鼻祖”。

③ **藤原道长(966—1027)**：平安中期的公卿、政治家，是藤原家全盛时期的代表人物，官至从一位摄政太政大臣。1000年，(接下页)

以传承来说，紫式部构想《源氏物语》并开始写作是在1008年左右，2008年正好是一千年，日本国内外举行了各种纪念活动和学会。日本用以向世界夸耀的文学作品，而且还是一千年以前写下的，即使以现在的标准来看，《源氏物语》仍然是毫不褪色的恋爱小说杰作。庆祝这部作品的诞生，是日本人当仁不让的职责吧！

不过，仆并不喜欢《源氏物语》。个人的喜好另当别论，但是它是否是内容适切的小说，可以当作你们的国语教材在学校里传授，则是很大的疑问。

这不是自夸，仆在高中的时候就熟读了《源氏物语》，而且不是谷崎润一郎或濑户内寂听的现代语译本，而是读原文（当然不是江户时代的版本，而是变成活字印刷、也加上说明的现代版本）。我读通之后的结论是，《三国演义》要来得更有趣。

不过这可能是因为仆是男性，所以才有这样的感想，但实际上在江户时代，应该也有很多人抱着一样的想法。《源氏物语》并不是自平安时代以来受到所有日本人喜爱的古典作品；只不过到了明治时代，因为《源氏物语》成为初中、高中的国语教材，所以不容置喙地成为所有日本

（接上页）藤原道长的长女藤原彰子被一条天皇立为中宫，原来的中宫藤原定子（藤原道长侄女，藤原道隆之女）则改为皇后。“中宫”本是“皇后”别称，但由于藤原道长迫使一条天皇册立两位皇后，并为此将中宫作为独立、等同于皇后的正式封号，从此天皇能同时拥有两正配，开启了一帝二后的平妻先例。除了长女，另外两个女儿妍子、威子也先后成为三条天皇、后一条天皇的中宫。

人必须学习的内容。

而《三国演义》却成不了教材，原因是“《源氏物语》是日本的小说，而《三国演义》是中国的小说”。区分中国的古典与日本的古典，就算要当作“汉文”来学习，《三国演义》也没有被选上。

《三国演义》是元末明初的小说，原本的故事是来自3世纪的正史《三国志》里的内容。没错，就是前文提到过的记载了《魏志倭人传》的书。不过把《三国志》作为汉文教材也是很少见的，因为《史记》或《十八史略》等才是作为教材的主流。在江户时代广为传阅的《三国演义》，从明治以后便被从学校教育里流放了。而且你也知道，在学校以外，不仅是书，《三国演义》也变成了游戏，拥有根深蒂固的高人气。

而《源氏物语》在京都的公家之间被流传、阅读，到了江户时代以后才开始渗透到一般庶民。其中，本居宣长功不可没。在他之后，这本长篇恋爱小说因描写“物之哀”而成为不朽的名作，被推崇为任何日本人都应该读的古典名著。

◆8 “国风”的意义

“国风文化”这个词，在不成文的价值评价体系里，是以“国风”具有正面意义为前提的，但实际上却拥有非常强烈的政治性。

原本国风是出现在中国的古典作品中的名词。它的意思是，任何相关的事物总是有那样固定的模式，但日本为了夸耀是“日本独创”的，所以就借用了中国的语言和概念。

“国风”意为“国家的风气”。原本是民谣式的诗集，被编入儒家经典的作品集《诗经》中，将收集自皇帝所在的都城以外的地方的诗歌称为“风”。后来却换了方向，变成带有与中央不同的地方文化的意思，这与作为文明中心的中国不同，变成日本特有，而且不知从何时开始，这个“国”就不是指“乡土”，而是指代“日本国”。现在一般都把“国风”作为与“唐风”对立的概念来使用。

但是在这种前提下，仆认为如果解释为“国风等于日本风”“唐风等于中国风”，也是错误的。那个时候唐也就是中国，拥有世界上高度发达的文明，所以应该是以“日本固有”与“世界共通”来相比较吧！与世界共通的汉字汉文不同，根据日本固有的文字来表现的才是“国风”。

不过最近不仅单纯把假名文学当作国风来评价，甚至还要在汉文的文体中找到日本人原有的特征，把它理解为国风的表现。现今这种倾向越来越强烈，山川版的教科书也是如此。

> 贵族在公开的场合都只使用以前流传下来的通用汉字写文章，这种文章与纯粹的汉文大不相同，所以是和风的写法。

的确，就像这段文字所说的，平安时代之后的公家日记，给中国人或韩国人读，要理解其中的意思也非常困难吧！从这点来看，不能说是“世界共通”。

然而，仆还是认为他们不惜一切想要用汉文来写日记的做法值得重视。纪贯之以半恶作剧的方式说“男人才会写的日记”，如同用假名写日记所象征的，日记还是属于应该用汉文来写的体裁。现在我们在学校被教育《土佐日记》是日记体的杰作；如果平安时代到江户时代期间，那些公家和僧侣对我们被教导的内容也完全认同，为什么他们既然以《土佐日记》为范本，却又不用假名来写日记呢？为什么一方面要说“与纯粹的汉文大不相同，所以是和风的写法”，一方面又继续用汉文来写日记呢？

从日本人所写的英语就能够马上理解。尽管从仆贫乏的经验来看，就算是英语会话能力强于我们很多的人所写的文章，只要是日本人，对以英语为母语的人来说，其写法在结构和表现上还是有明显差异的。应该也说不上是错误，但如果拜托以英语为母语的人来校订、修改，不正是因为原本的文章带有“和风”的缘故？不对,应该说是“国风英语”。

假设想要“和风”,那么用汉文来写勉强合于国际标准。不过，尽管可能会被审订者判为失败，但本人还是努力想要合格，所以才磨炼和风汉文。对中国或韩国人来说，比起用假名这种他们完全无法理解的文字，依照日文的文法结构所写成的汉文，尽管有些许的差异，但总还是可以抓住大概的文意。从这点来看，果然还算是符合国际标准的世界共通语言。

当然，仆可以理解想要给予和风高评价的心情。然而在过于偏袒的前提下，作出“用假名来写就是日本应该值得夸耀的文化遗产，用汉字写的终究是外国的模仿物”的评断，怎么看都觉得哪里不对。《古今和歌集》所收录的诗歌毫无疑问都是杰作。日本人的汉诗，例如菅原道真所作的，可能不及杜甫或李白。但是正因为如此，光是评断前者，这样好吗？樱花的确是日本足以向世界夸耀的美丽花朵，但是汤岛天神或是水户偕乐园里知名的梅花，无关是否引自中国原产，也是美丽的花啊！

◆9　樱花的印象

1860年3月3日的早上，当然因为这是当时的旧历，所以大约是现在的4月，江户却有积雪。当时的大老井伊直弼在从自己宅邸前往江户城的途中，遭遇了暴徒的袭击暗杀。有说法认为，事前井伊直弼已经从朋友那里知道这个偷袭计划的存在，并被建议改变出行路线，但是他以“身为武士，那么做会被当成胆小鬼，而且会成为众人的笑柄”为由拒绝。井伊直弼坚持走与以往一样的路线，结果遇害了。这个传闻的真假不得而知，但是由于安政大狱而声名狼藉的井伊直弼，却因为他的武士道精神和展现出的大和魂而被传为佳话。

这件暗杀事件以其发生的地点而被称为“樱田门之变”。虽然是偶然，但这个城门的名字却让人觉得与前文所提到的佳话不谋而合。身为武士，就应该死得干脆、毫不留恋。尽管失礼，但如果是“梅田门之变”或“桃田门之变”，就一点也不协调了。所以这里还是“樱田”最适合。

作家舟桥圣一以井伊直弼的亲信长野主膳为主角撰写的长篇小说，名为《花之生涯》。自平安时代的假名文学以来，如果只写到“花”，指的便是樱花。平安末期的歌人西行法师[①]著名的和歌：

> 如果可以，希望在那如月的望月之时，于春天的樱花树下死去。

如月即2月，望月是指满月之日，也就是15日。据传那是释迦牟尼涅槃之日。西行法师虽然说希望自己也能和释迦牟尼同一天死去，但与其说是他身为佛僧的宗教心使然，更可想见的是他想要死于樱花树下的那种完美愿望：与飘落的樱花一起，结束生命。之后，就如同他所说的，似乎真的在2月15日逝世。

浅野内匠头在将军城府内拔刀砍伤事件[②]，发生于3

---

① **西行法师（1118—1190）**：平安时代末期、镰仓时代初期的歌人。其和歌，平淡中有诗魂的律动，文词自由跌宕，具有修行者清冽枯淡的心境和个性，被认为是和歌史上可与歌圣柿本人麻吕并称的歌人，对后世产生巨大影响。

② **元禄赤穗事件**：元禄十四年（1701年），赤穗藩主浅野长矩（内匠头为其官名）因故在江户城里拔刀砍伤吉良义央，使将军蒙羞，被下令切腹，并废藩。两年后，赤穗家老（家老是大名的重臣，统帅家中的所有武士）大石内藏助率赤穗家臣47人夜袭吉良宅邸，杀了吉良义央为主公报仇。

月14日，这件事后来也成为赤穗浪人前往吉良邸复仇的契机。浅野长矩在那一晚切腹自杀。电影或电视剧拍到这一幕时，一定会出现樱花树，用从树上飘落的樱花描绘出他倒卧的场景；用樱花这样的意象来象征像樱花一样短暂消逝的悲剧主角。

井伊直弼遇刺的日子恰好在2月15日到3月15日期间，路上堆积的白雪因此被鲜血染红，加上从空中飘落的樱花花瓣，这景象简直就像画一样吧！

人问敷岛[①]大和心，朝日烂漫山樱花。

这是本居宣长的诗歌。除了樱花，没有其他的花能够这样紧紧地抓住日本人的心。

之前我们谈到从梅花到樱花的变化。更直白地说，如果梅花是唐风，那么樱花就是国风了吧！

樱花虽然在中国也有，但不像在日本一样，会成为诗歌、恋爱，甚至是人生中的重要角色。随着国风文化的形成，似乎在京都的上层社会中，不知不觉扩大了对樱花的深深爱恋。到了江户时代，也便渗透到一般大众的心里了。

祇园精舍之钟声，
响诸行无常之道理；

① 敷岛：日本的别称。

娑罗双树之花色，
显盛者必衰之真谛。[①]

这是《平家物语》著名的开场诗。这里的花，虽然是娑罗双树，而不是樱花，但娑罗双树是原产于印度的常绿树，实在不像是因为花而受到喜爱的树木。有传说在释迦牟尼2月15日涅槃后，本应常绿的娑罗双树却变得白枯，因此它的花色才会被用来作为“事物变迁”的象征吧！

但在镰仓时代的日本人中，没有人去过印度。平家的贵族子弟与同样年纪的荣西[②]想要从中国去印度也没有成功，结果就把禅宗带回了日本。在吟咏《平家物语》这段诗的时候，很多人的脑中所描绘的应该是樱花的景象吧！盛开的樱花，不久即凋落，这正是“盛者必衰之真谛”。

在佛教中也称此为“诸行无常”。以《涅槃经》里的话来说，就是所有的事物都是不断生生灭灭，没有止境的。鸭长明在《平家物语》的同时代写下的《方丈记》[③]的开

---

① 引自《平家物语（全译本）》（上海译文出版社，2011年），第3页。

② **荣西（1141—1215）：**平安时代末期、镰仓时代初期的僧侣。他为研究禅法，两度入宋，参谒天台山万年寺虚庵怀敞禅师，承袭临济宗黄龙派的法脉，而后发展成日本禅宗的主流，是临济宗的开山祖师，创建了建仁寺。

③ **《方丈记》：**平安末期到镰仓初期的歌人、散文家鸭长明的随笔集，成书于1212年。与清少纳言的《枕草子》、吉田兼好的《徒然草》一同被誉为日本古代“三大随笔”，被誉为日本隐士文学之“白眉”（最高峰）。书中流露出对时代变幻无常的感慨。

篇也颇著名。

> 浩浩河水，奔流不绝，但所流已非原先之水。河面淤塞处泛浮泡沫，此消彼起、骤现骤灭，从未久滞长存。[①]

“无常”的观念，可以说是了解日本传统文化的重要关键词吧！

① 引自《方丈记·徒然草》（长江文艺出版社，2011年），“流水泡沫”一节，第18页。

◆10　所谓“无常”

有个名词叫做“荣华”，意思是因显达而富贵。原本是中国的惯用语，不过在日本使用这个词的时候，似乎可以感觉到一些微妙的差异。好像也包含今天说过的“诸行无常”的意思，甚至隐约有一种“不会永远一直‘荣华’下去”的感觉。

这或许是因为这里使用了“华”这个字。中国的正式国名是“中华人民共和国”，也就是说，“中华”是这个国名的核心。这应该是有“位居世界的中心、像花一样光辉繁盛”的意思吧！不过在日本说到“荣耀荣华”，却会有“没落”将立刻随之而来的感觉。为什么会这样呢？

《荣花物语》（也写作《荣华物语》），是以藤原道长为主角的历史故事。如字面意思，故事的主题便是藤原道长及其一族的荣华富贵。然而，这里所表现的并不是渡过未来劫难祝贺繁荣，反而让人感受到隐含的哀愁，还有终会来临、无可避免的“死亡”。

卷十五《疑》描写的是官拜太政大臣的藤原道长，因为生病而出家的情景。“尽管下次被认为应该就是大限来临之时了，心里却无法不感到哀愁孤寂。”国家的最高权力者、握有无人能及的权势的男人，只是生了一点小病，就变得如此软弱吗？这是因为当时有着“过于幸运便会招致灾祸的思想”（小学馆版《新编日本古典文学全集》三二，第172页上方注释），而道长也相信这种说法。“那大臣（道长），安稳地治理当今之世，在无人能及的情况下，过了许多年，世间的人也担心万一他发生什么事，于是开始讨论并揣测恐怕会发生什么可怕的事情。”

而藤原道长“不过是成为出家人，在京极殿的东边建起佛堂，想要住在那里而已”。没多久却真的实现了出家的本意，在《法华经》的影响下，虔诚皈依，主办法会并积极行善，到圣德太子创建的四天王寺及弘法大师空海开山的高野山参拜。藤原道长被认为受到圣德太子和空海的召唤而重获新生。这一卷在宣扬了佛教的无常思想之后，感叹“只有这个大臣的富贵荣华”可以永久持续吧，以这样的祝福之语作结。

佛教诸行无常的思想，亦即作为佛教的历史认知的末法思想[①]的思考方式，与平安时代的人有很深的关系，连

① **末法思想**：中国南北朝时期北齐的慧思大师最先提出，佛教经过正法、像法、末法三个发展阶段，必然走向消亡，这是因为发展到最后，必定会出现忘记佛教本源、只重视仪式、门面甚至借此敛财的衰败现象。

最高权力者藤原道长也不例外。释迦入灭后，佛教世界被认为将经历正法、像法、末法的三个历史阶段，最终走向堕落毁灭。而根据计算，藤原道长的时代正好就是像法的末期。简单来说，繁华的平安京贵族文化，其背后是因为意识到“世界的终结”而进行着准备。

净土思想的流行也是这个缘故。向阿弥陀佛的求助皈依，希望能够往生极乐世界，是他们终极的人生目标。这个世间的荣华富贵当然是很重要的，但是除了在世的享福，他们对于死后的安乐有着更强的期望。藤原道长的儿子藤原赖通在宇治平等院建造了凤凰堂，随后奥州平泉的藤原氏也仿造了无量光院，希望能够因此迎接阿弥陀佛前来。藤原道长重视的《法华经》也是以阐明这样的教义而流传的佛经。

然而，他们为何从佛教的教义中选出这一思想来信仰呢？空海和圆仁带回日本的使用咒术的密教，在加持祈祷的时候也一直被使用着。但是他们一定也感觉到有某种更可怕的东西是只靠这股力量所无法扼制的。

这个更可怕的东西，就是怨灵。如同作家井泽元彦所说，实际上问题的核心不是怨灵是否存在，而是当时的人相信怨灵存在这件事本身更为重要（《逆说的日本史》，小学馆）。所以要理解相信神、佛、鬼、灵魂的人，应该以那样的东西确实存在为前提，与他们一起观察这个世界吧！

朝廷内部的各种政治斗争的牺牲者，根据各种理由变成了作祟的怨灵。或是抱着失恋、离婚的怨恨已经往生的人，甚至是还活着的人，他的灵魂会成为加害者，企图向对方复仇。在《源氏物语》和《今昔物语集》[①]里，这样的例子不胜枚举。这种故事大概经常在学校的日本史和国语（古典文学）的课程里教给学生吧！仆认为，如果没有这些故事，就无法理解日本的历史了。

①《今昔物语集》：平安时期的故事集，共31卷。全书共分天竺（印度）、震旦（中国）和本朝（日本）三部分，收集来自于天竺、中国、波斯、阿拉伯等地的故事。内容既包括佛教故事与世俗故事，也有文艺爱情、生灵、怪物、狐狸、仙人、盗贼等各种传奇故事。

✦ J　平安时代最强的怨灵

继续之前来谈怨灵的话题。

平安时代最强大的怨灵是谁呢？就是菅原道真。他虽然是超一流的政治家和学者，但因为他是含恨而死的，所以被认为能量特别强大。

《大镜》是以平安时代的假名文字写成的历史故事，与《荣花物语》并称为“双璧”。在这本书里，有介绍藤原时平传记的篇章，同时也以与其相当的篇幅介绍了菅原道真的事迹。不过这两人不仅在生前是政敌，死后也受到菅原道真传说的影响，例如在歌舞伎表演中，必定是以敌对的身份登场。

菅原道真于903年2月25日在大宰府抱憾而终之后，马上就展现了其怨灵的力量（没错，他是死于“如月”[2月],不过比西行的“满月”晚10天）。天皇所住的皇宫内院，遭遇过8次火灾，随后负责重建工程的工匠，前一天才刨好的光滑木板，仅仅一个晚上之后就发现虫蛀的痕迹。而且虫蛀的地方不但呈现出文字的形状，还是一首写好的和歌。

> 就算盖好了，还是会烧掉，除非菅原和栋梁的地板房间能够相合。

借用小学馆版的《新编日本古典文学全集》现代语译版吧！“就算皇宫内院几次重建，也还是会烧掉的吧！除非菅原毫无根据的胸中伤口能够愈合。”原文中，用了几个双关语：mune是“栋梁”，也是“胸”；itama是“铺地板的房间”，也有“痛”的意思。开个玩笑，这种双关语的技巧，简单来说，就是一种插科打诨的语言游戏。最近，“老爹双关语”之类的说法被当作是笨蛋才会用的，但这可是源于国风文学的引以为傲的技法，所以需要重新改观。

因为菅原道真的怨灵成了雷神，所以经常引起皇宫内院的火灾。实际上，930年6月26日落在皇宫内院清凉殿的雷，直接击中菅原道真敌对派别的两名贵族，立即死亡。下达菅原道真左迁命令的醍醐天皇，也在这个时候生病了。他退位之后，很快就去世了。当然，仆不认为那个落雷真的是菅原道真在作祟。不过当时的人是这么相信的，也正是因为这样的相信，结果引发了之后的行为。

那些行为造成的结果，还留存至今的是京都北野的天满宫。不用说大家都知道，那里供奉的是考试之神。还有大宰府、汤岛、龟户，天神在那里的考生之间也很受欢迎。

那是因为菅原道真是一位伟大的学者，以及想变成他那样渊博的人极多。不过原本的北野天满宫，可是为了镇压菅原道真的作祟而建造的。

把菅原道真与前文的话题中提到藤原道长做一个比较吧！一个是无人能及的当权者，享尽荣华富贵；另一个则是被流放边境的失势者，在失意时辞世。从活着的幸福程度来看，藤原道长是获得了压倒性的胜利吧！不过他在自己的巅峰时期，因为对死亡的不安而怯懦地选择出家，希望通过累积诸多善行功德，能够前往极乐世界。另一方面，菅原道真则是死后拥有了强大的力量，杀了天皇与同朝大臣报仇雪恨，成为受抚慰的天神，至今仍从人数众多的参拜者那里得到香油钱和护持捐款。这么看来，已经不知道谁比较幸福了。

当然，如同不断重复提到的，仆并不相信存在菅原道真的怨灵，所以也不相信身为天神的考试之神有什么灵力。虽然以前也曾经去参拜、投塞钱箱，也去祈祷你考试能够合格，但仆认为你考试合格并不是因为菅原道真保佑的关系。（这样说会受到惩罚吗？）

不过，那些相信他拥有神力的人，创造出了天神信仰，并持续维护下去，而且这也成为日本传统文化中无法忽视的要素。

镰仓时代想要在日本宣扬禅宗的僧侣圆尔，想出了一个好办法，就是利用对菅原道真的信仰。“天神出现在我的梦里。他说，我想让你去中国学习我曾学过的新思想（当然是指禅），你去中国吧。”因此，他创造了“渡唐天神”

的传说，造出了许多的神像、绘画和雕刻。受惠于菅原道真的人气，禅宗成为“连那个天神都学习的尊贵教导”，因此得以扩展到整个日本。

让遣唐使交了白卷，生前也没去过唐朝的菅原道真，死后却以这样的方式对日本佛教的发展作出了贡献。

◆Q 《今昔物语集》的世界观

日本是佛教国家。如同前文关于圣德太子的传说，曾是厩户王的圣德太子之所以被极力赞颂的理由之一，就是因为他是建构了日本佛教基础的人物。

你知道《今昔物语集》吧！创作于12世纪、平安时代后期的故事集，包括吃芋粥的贫穷公家的故事、禅智内供[①]的鼻子故事，都因为芥川龙之介将其改编为近代短篇小说而广为人知。(内供的话题，不是《花之生涯》[②]，而是“鼻的麻烦”[③]。仆认为，在花粉过敏盛行的时候，果

---

① **内供**：在宫中的道场侍奉天皇的僧侣。

② **《花之生涯》**：舟桥圣一所著的历史小说，描写井伊直弼一生的故事。

③ **鼻的麻烦**：禅智内供有个长鼻子，他因此备感困扰。有一天听到有人说，用热水烫鼻子可以让鼻子变短。他用热水烫过鼻子后，鼻子果然变小了。但是鼻子变小后，还是被人嘲笑，于是禅智又希望鼻子能变长，不久鼻子又变长了。

然鼻子是个大麻烦。)

许多广为人知的故事，都被收录在《今昔物语集》里名为《世俗》的篇章里。要说相对于《世俗》的篇章是什么，其实是《佛法》。这本书所收录的故事的背景地是天竺（印度)、震旦（中国)、本朝（日本）三个国家。简单地说，就是将平安时代的人地理认知中的全世界范围内的故事都收集成册。(请特别注意，这里没有把韩国算进去。当时的人应该知道新罗，所以从这里可以清楚地推论，在他们的想法中，日本与印度、中国处于同等地位，而新罗和渤海国地位较低。不过这绝不是什么值得赞扬的事。)

这三国的故事都分为《佛法》和《世俗》两部分。关于它们的分量，天竺与震旦各5卷中,《佛法》占了4卷，而《世俗》仅有1卷；本朝则两部分各占10卷[①]。不用说也知道，佛教故事占了相当大的比例吧！到了近代，不管是评论、芥川龙之介的小说或是古文教科书里所采用的，多是世俗的故事；但实际上，佛教式的宗教故事，可以看出这本故事集的另一面。

其中的卷十一，也就是本朝《佛法》的开篇，以“很久很久以前，本朝有位称为圣德太子的圣人”为起始，叙述了圣德太子一生的故事。该篇在结尾处称，因为圣德太子的成就，佛教第一次在日本普及，颂扬道：“内心风雅之人，必定会被供奉，也应该要被供奉，并传诵他的故事。”

---

① 卷一至五是天竺部，卷六至十是震旦部，卷十一至三十一是本朝部，其中有些卷已佚失。

以下，则是对佛教传来有贡献的高僧们的传记，如行基（为建立东大寺大佛而奔走之人）、役之行者[①]（传说中的山中修行人）、道照、道慈、玄昉（此三人都曾到唐朝留学）、婆罗门（来自印度的僧侣）、鉴真、空海、最澄、圆仁、圆珍。

不过佛教并不一定是和平的宗教。特别是密教，就像前文所说的，在现代社会中相当于科学技术。圆仁、圆珍在唐朝接受了名为法诠的高僧传授的天台密教。《今昔物语集》中也记载了这段传授的故事，特别是卷十四的卷末及第四十五篇故事，涉及中、日、韩。

那时候，在日本的朝廷中有"最近新罗很不听话，为了惩罚他们，发动战争吧"的呼声。于是选择藤原利仁作为将军。这个人在《今昔物语集》中曾以镇守府将军的身份出现过；关于这个任务，因为他曾经有赴任奥州的经验，是个具备军事能力的贵族，所以被选中。新罗根据占卜预知了会有外国军队前来进犯。因此，他们举行了咒死法会，从"大宋国"找来了法诠（故事中写的是"法全"）。法诠是唐朝人，但《今昔物语集》的编辑时代已经是宋朝了，所以才这么写。相反地，前往宋朝的僧侣也有称为"入唐"。我们知道在当时，日本对于中国的国名，并不是时时刻刻都有正确的记录，汉也好，唐也罢，甚至是宋，混在一起使用，这点非常有趣。

当时恰好圆珍就在法诠身边，所以也参加了新罗的法

① **役之行者：**本名役小角，山中修行的始祖（山伏）。

会。只是新罗当时只占卜出“外国的军队”，并不知道是日本，所以圆珍也没想到自己竟然参加了对自己祖国的咒死法会。一段时间后法会结束了，看到祭坛上涌出了巨量的血，法诠说：“咒死成功了。”然后便回到了“宋”。同时在日本，藤原利仁突然生病暴毙了。不久之后回到日本的圆珍这才知道，自己在新罗参加的咒死法会竟是这样的结果。

那么，你觉得这个故事的结局是什么呢？在不知情的情况下，咒死了自己祖国将军的圆珍，之后放弃使用所有此类的咒术吗？其实结局并不是那种具有教训意义的故事。圆珍完全没有反省，而且不仅这样，他对于藤原利仁在将死之际，挥刀砍向眼前看见的魔物将之杀死一事，还评论“这个人果然不是等闲之辈”，“不过尽管如此，可以传诵后世的佛法力量还是更为强大，因为他马上就死了”。不管再怎么厉害的武功高手，对高僧的佛法祈祷还是完全没有招架之力啊！故事结束。

仆绝不是器量狭隘的爱国者，本书随处可见对于器量狭小的爱国主义者的批判。但是这个故事，连仆也觉得实在太过分了。因为邻国新罗的无礼，为了惩罚它而被派任为军队指挥官的人选，竟被和尚咒杀了。光是这样就让人一肚子气了，再加上那场咒死法会还有日本国的秀才圆珍和尚参加。没想到他还说“佛不知情”，即使回国后知道了实情，圆珍也不必负任何责任。真是太可恶的故事了。如果在昭和初期，圆珍一定会被判定为“叛国者”，而且被免除公职。

不过会这么想，应该是仆拥有近代的感性吧！《今昔物语集》的编辑大多是以赞扬佛法力量的惊人而作结。从那里面完全看不出对异国和尚杀死自己国家将军的怨恨。

平安文学虽然可以让人感受到“物之哀”，但应该要确实地将与之相反的另一面，传达给你们，这是学校教育的义务吧！一旦发生什么事，国民立刻群起争执批判，或是鼓动战争，这只不过是现代人器量狭小之见吧！

不，不，并不是到了近代才突然变成这样。对于法诠、圆珍的咒死行为，“身为日本人无法原谅”的感性认识，似乎是在《今昔物语集》之后，便在武士之间开始萌芽了。

✦K　仁义道德会吃人

明天期末考试就结束了吧？辛苦你了。

刚刚看到关于鲁迅的《故乡》，刚好和仆想的问题一样。主角遇到好久不见的闰土时，有着难以言喻的感慨。小时候平等相处的玩伴，变成了大人的身份，就意识到彼此的差异，鲁迅借这个故事批判那种社会状态。

鲁迅是中国现代文学家的代表人物，这篇小说的原文当然是中文，但是他的作品入选“国语”教材这件事，也是很奇妙的。而且和我们小时候一样，现在它还出现在教科书里，让人喜不自禁。它是比《源氏物语》更能发人深省的故事！

鲁迅还写了《狂人日记》这篇小说，内容就如同其名。在这里，让我们引用和教科书里的《故乡》同一译者竹内好的翻译吧。

> 凡事总须研究，才会明白。古来时常吃人，我也还记得，可是不甚清楚。我翻开历史一查，这历史没有年代，歪歪斜斜的每页上都写着“仁义道德”几个字。我横竖睡不着，仔细看了半夜，才从字缝里看出字来，满本都写着两个字是“吃人”！

提倡“仁义道德”的书，是儒家的经典《孟子》。其中，的确有“吃人”这种表现。即便这么说，就像小说中的主角狂人的说法，并不是只有字面意思的“吃人”，虽然难以理解，但有“养人”之意。文章主张的是社会上的分工合作，像农民那样的体力劳动者完成分配的“养人”任务，而像政治家那样的脑力劳动者则是“被养的人”。当然鲁迅很清楚地知道这点，所以特别借由主角来解释。

为什么呢？这是因为提倡“仁义道德”的儒教会“吃人”，也就是一种强迫弱者牺牲，具有非人性的学说。主角说：“这历史没有年代。”若我辈之流来解释这句话，意思是完全不考虑时空造成的差异，显示无论何时何地皆适用的普遍性道理，百年如一日地强制主张“忠君爱国”的人自我牺牲，让这种学说慢慢传播开来的，就是这个“仁义道德”的文章。

鲁迅的故事是以20世纪初期的中国为背景。在日本，儒教自古以来便有其影响力。中国的儒教与日本的儒教在各方面都存在差异；另外，也有因为两国的文化和习惯的影响导致的本质上的问题，不过在这里并不详谈这个话题。暂时不去关注那些差异，请把焦点放在儒教所提倡的“仁义道德”的另一面。

孔子被认为是强调“仁”的思想家。但“仁”究竟是什么，要定义却非常困难。孔子在《论语》里，对不同的弟子的阐释不同。后世因为人字旁有“二”，所以解释为“人需要两人互相帮助”，虽然看起来煞有其事，但因为孔子的时代好像并不使用现在的字体，因此这个解释非常奇怪。不过当作“关怀体谅”来理解，应该没什么问题吧！

仁义的“义”，则是孟子从孔子的“仁”衍生出来的概念。尽管在《论语》中，孔子也说：“见义不为，无勇也。”[①]但并没有连用“仁”“义”二字。孟子应该是认为，只有单纯的关怀是不行的吧！所以他偏爱含有“正当”“条理”之意的“义”字。

“道”“德”这两个字，当然儒教也有使用，只是这两个字也是老庄思想所重视的概念。老子《道德经》中提到“大道废，有仁义”[②]，以真正道德的消失为出发点，用挖苦的方式评论孟子那种特别提倡仁义的思想。但是包含鲁迅的做法在内，将“仁义道德”连在一起用，指的就是儒教学说了。

儒教的仁义道德是以思考人类社会原本普遍存在的应有样貌，作为恒久不变、不论何时何地人都应该遵守的规范而进行提倡。对父母孝顺、对君主忠诚，则是最基本的

① **见义不为，无勇也**：出自《论语·为政》：“非其鬼而祭之，谄也。见义不为，无勇也。”

② **大道废，有仁义**：出自《道德经》第十八章。

原则。（若再加上对丈夫守贞，便形成父子、君臣、夫妇三纲[①]的人际关系基本形态。）

《平家物语》也有不少有名的段落，其中之一便是平重盛进谏父亲平清盛，出自卷二《烽火事件》。平清盛与后白河法皇对立，想要幽禁法皇，所以平重盛极力劝说，认为平家一门受到法皇的恩宠与照顾，希望能够改变平清盛的决心。

> 真是令人悲伤啊！想要为了你为国尽忠，就必须要忘掉比须弥山山顶还高的父恩。这真是痛苦难过的事啊！若要尽孝，不担上忤逆的罪名，又将会成为不忠的逆臣，真是进退维谷啊！（小学馆版《新编日本古典文学全集》四五，第137—138页）

遇到"孝"与"忠"这两大儒教提倡的德行无法两全的特殊情况时，平重盛的心中想必是痛苦万分。在后来赖山阳的《日本外史》中，以汉文特有的简洁，描述了当时的情形："想要尽忠，就会不孝；想要尽孝，就会不忠。"（忠孝两难全。）

就这样，仁义道德的教导，从武士开始受到尊重。朝

---

① **三纲**：出自班固《白虎通·三纲六纪》："三纲者，何谓也？谓君臣、父子、夫妇也。六纪者，谓诸父、兄弟、族人、诸舅、师长、朋友也。故《含文嘉》曰：'君为臣纲，父为子纲，夫为妻纲。'又曰：'敬诸父兄，六纪道行，诸舅有义，族人有序，昆弟有亲，师长有尊，朋友有旧。'"

廷的贵族们和仁义道德是没什么缘分的，因为他们的人生哲学就像本居宣长老师说过的，是高雅的“物之哀”。

仆认为从这里似乎可以看到从古代到中世纪的转变。

那么，从神代开始的漫长的古代历史即将在此落幕，接下来就要转到更加文明化的时代了！

♣ 锄之章

♣A 厉害的中世人们

生活在平安京的贵族们，一边享受着充满荣耀与富贵的生活，同时却也对来世满怀不安，因而皈依净土信仰；另外，为了治疗疾病与驱散怨灵，他们也仰赖密教的咒术。而地方上则是出现了完全不同的生活方式，亦即武士集团的形成。让我们来看看山川版教科书是怎么写的。

> 9世纪末到10世纪，地方政治产生了极大的变化，其中地方豪族和具有权势的农民为了维持并扩大自身的势力而开始武装，因此各地爆发不少纷争。为了镇压这些变乱，被政府任命为押领使、追捕使的中下层贵族，有的直接留在当地，成为官衙的公务员，因此出现了拥有势力的武士（兵）。

此后的记载则是这些人聚集了一家老小，互相提携，结成类似于武士集团的大规模组织，因此后来才出现了平将门这样的人物。到了11世纪，清和源氏和桓武平氏也发展了武士集团，成为武家的栋梁。这段历史在前面也提到过（第18—26页），也就是日本“中世”的开始。

虽然“中世是什么？”是个大问题，如果依仆粗浅的说法，就是“尽管动摇了古代的秩序，但却还没能产生出近世一般性质不同之秩序的时代”。也就是介于古代与近世的中间期。

看似理所当然，可能会被认为好像什么都没有回答，不过恐怕中世的人也没有自己与古代是处于不同世界的自觉吧！因为我们知道，在那时期之后的近世的样貌，所以了解中世与古代的不同，它是朝向近世奔跑的时期。然而，中世的当事人却无法理解自己要朝向何处去。不，应该这么说比较正确：历史并非必然的产物，如果是因人类而造就，他们就还不算是创造出新的时代。仆认为，在秩序的动摇中，苟延残喘、寻找一条活路的不正是中世之人吗？

因而他们可说是生存的强者。中世与古代的大器、近世的悠闲不同，通过考察史料，可以看到中世的强韧。

在《古事记》和《日本书纪》的古代世界里，王族都可以若无其事地杀人，而且针对的是家族同胞。而《源氏物语》所描绘的男女关系，充满着毫不输给现代人的华丽奢靡。另一方面，近世江户时代的人享受着天下太平，完全不知战争为何物，每天全力专注于自己所从事的工作，并在闲暇时发展自己的爱好和技艺。将中世与古代和近代相比较，仆认为，中世的特征就是“厉害”。

在《古事记》中，杀对手不需要特别的理由。兴之所至，就显露出“因为讨厌，就把他杀了”这种大胆肆意的感情用事。高尚的平安贵族，当然不会做这种野蛮的事情；如果做了，那也是因为怨灵作祟，顶多拜托佛僧来“降伏”一下。甚至降伏也不需要有理由，只要“因为是自己的敌人”，这样的理由就够充分了。

然而到了我们所称的“中世”时期，连打击敌人也变成必须要有充分的理由才行。若想要隔壁那家伙的土地，不能说“因为我比较强，所以给我”，而要说“某某人委托我管理那片土地，你没有得到委托吧”，然后再将之赶走。这就是中世的做法。武家的领袖就是给予证明书的权威者。

当初源氏与平家这两大武家领袖，被京都的朝廷任命为国司等职，然后以此作为权威的基础，组织许多武士团体，并将他们纳入自己的麾下。如前文所写，不久平清盛将藤原氏和身为贵族的源氏所占据的朝廷高官的地位，揽为自己一族所有，树立了平家的权势。接着源赖朝在镰仓也建立了自己的政治机构，与朝廷对立，占据并统治关东地区。到了13世纪，镰仓幕府的势力也渗透到了西日本，武家政权开始具备凌驾朝廷的实力。随后，由于建武新政①及其失败，室町幕府诞生。

---

① **建武新政**：1333年，后醍醐天皇重新即位，1334年改元“建武”，颁布一系列改革措施，设置中央最高机关记录所、杂诉决断所，重整天皇亲政的政治机构，进一步将权力集中于天皇手中。然而新政却只重用京都的公卿贵族，未能满足武士的要求，引起该阶层的普遍不满。1336年，足利尊氏率兵反叛，很快攻陷镰仓，建武新政终告失败。

从已知结果的立场并列来看，可以描绘出的发展是：武士逐渐蓄积力量，一步步地逼近贵族（公家）所掌控的朝廷，使其有名无实，同时破坏了庄园制度，最终建立了江户幕府，诞生了统治全国各地的幕府与诸大名的“幕藩体制”。江户时代的历史学家们，如已经介绍过的林罗山、新井白石、德川光圀、赖山阳等人，他们都知道这些已经是过去的事情了。当然，对赖山阳来说，这个历史性的变化并不是那么令人满意吧！

不过，对于生活在镰仓时代或室町时代的人而言，自己的做法到底会怎么样，都是未知数。从“中世”这个名称来看，是个不安定的时代。因为先有“古代”与“近代”（或说“近世”），才有了中间的“中世”。如同古人不会认为自己生存的时代是古代一样，中世的人也不认为自己是中世人；因为这不过是称自己的时代为“近世”或“近代”的人，追溯过去所用的代称。应该没有人会自己将自己所处的年代认定为“中间的时代”。

然而，就像刚刚说过的，对仆而言，将古代与近世相比较，可以推断出中世的特征的确是存在的。不过这里也有个问题。不论从好坏哪一面，以往从近世或近代的角度，有很多强加于“中世”之上的迥异的价值判断，所谓“野蛮的中世”“封建的中世”“自由的中世”，诸如此类。

因为我们常用现在的角度来看历史，所以这种偏见是难以避免的。不过我们还是要尽量避免，所以在本书中，使用了在历史学的用语里称为“心性史”的方法，希望能以这样的方式，展现中世的人们是如何理解自己所生存的时代的。

♣2 眼花缭乱的12世纪

恭喜你期末考试结束。是不是觉得这一周时间过得特别慢啊？

不管是什么样的日子，一天都是24小时，等于1440分钟，如果是快乐的事情，就会觉得一天很快就结束了；如果有痛苦、讨厌的事情，就会觉得时间过得特别慢，甚至有“今天地球是忘了自转吗？”的感觉吧！

仆认为，历史上的时间应该也有类似的情况。不论哪个世纪，从物理学上来看，应该就是像牛顿所说，是“一致的”[①]，但是有缓慢走过的世纪，也有急速前进的世纪。在日本的历史中，考察19世纪以前，仆认为12世纪似乎

---

① **一致的**：牛顿认为，时间和空间具备“不受任何影响”的特质，所以是绝对的。因为是绝对的，所以具有共通性和一致性。也就是说，宇宙只有一个时间和一个空间，各自独立于万物之外，而万物皆在其中运行。

是最瞬息万变的。

虽然现在称之为12世纪，但在当时的日本并不知道公元纪年，就算的确是1101年至1200年也没有任何意义。尽管说是12世纪，但稍微将时间缩短，请只关注1086年至1185年这一时期。

为什么以这两个年份为起点和终点？1086年是堀河天皇即位之年，1185年则发生了坛之浦之战[①]。

更进一步详细说明吧！堀河天皇并不是在前一代天皇死后才即位的；他即位的时候，父亲白河天皇[②]仍健在，但却把天皇之位让给儿子，是为了隐居吗？不，白河天皇退位为上皇，而且还出家成为法皇[③]，并没有放弃手中的

---

① **坛之浦之战**：又称“坛之浦合战”。发生于1185年下关市以东的坛之浦，是源平合战的关键海战之一。屋岛之战失利后，自屋岛撤退的平氏大部在平宗盛的率领下，退守长门的彦岛，而源氏一方的源范赖和源义经亦在对岸布阵对峙。双方最终在坛之浦展开决战，由平氏军队主动展开攻击。由于平氏擅于海战，且当时海流对平氏有利，所以平氏一开始即占上风。正午过后，海流改变，源义经率军顺势接近登船，与平家军展开白刃战，战况也随之逆转。经过坛之浦之战，平氏大部灭亡，此后源义经率领大军平定了西日本。

② **白河天皇（1053—1129）**：日本第72代天皇。1086年退位，让位给儿子堀河天皇，自己成为上皇，继续听政；1096年，上皇出家，成为法皇。他掌权期间，设立“院厅”，开启了院政制度，逐步夺回了自平安中期旁落的权力。然而，院厅的创设却激化了新旧贵族间的矛盾，最终导致了平、源两大武士集团的崛起。

③ **法皇**：日本天皇逊位后称太上天皇，简称上皇；而出家（在日本称“入道”）为僧的上皇，则称太上法皇，简称法皇。相对于具有尊号意义的“太上天皇”，“太上法皇”只是一种通称，不需要经过册封。虽然大多数法皇不问政事，只潜心研究修行佛学佛法，但院政（接下页）

政治实权。即使在他的儿子堀河天皇死后，孙子鸟羽天皇即位，甚至是曾孙崇德天皇即位，他都一直是手握最高权力的人。直到1129年去世之前，白河法皇以“院”的身份君临朝廷超过40年。

之后到13世纪初的百年间，陆续出现的鸟羽上皇、后白河上皇、后鸟羽上皇等类似的情况，即教科书里用“院政”[①]这个词来描述的政治形态。现在将那一时期视为是“中世”的开始。在山川版的教科书里也支持这一观点，把院政放在“中世社会的成立”这一章的开篇。

在我们过去的认知里，中世时期镰仓幕府的成立是具有划时代意义的事件。前文也曾略提到，“想要打造美好之国的镰仓幕府”。但是如同之前的说明，与其强调源赖朝在这一年被任命为征夷大将军，还不如说是因为拒绝任命他为征夷大将军的后白河法皇[②]在那年逝世，所以幕府

（接上页）时代的上皇和法皇的地位高于在任的天皇，且掌握实际大权。其中最著名的例子是源平合战中的后白河法皇。日本至今为止最后一位法皇是江户时代的灵元法皇。

① **院政：**日语意为“退隐的政府”，是指日本平安时代末期由太上天皇（或法皇）亲掌国政的政治制度。始于1086年，白河天皇为抵制外戚藤原氏，让位于年仅8岁的堀河天皇而成为太上天皇，在居处建立院厅，各式法令皆出自院厅。自1086年院厅建立至1192年镰仓幕府建立的百余年间，被称为院政时代。

② **后白河天皇（1127—1192）：**日本第77代天皇。1155年即位，在经历了保元之乱后，极力强化政权。1158年，让位于二条天皇，开始院政。此后的二条天皇、六条天皇、高仓天皇、安德天皇与后鸟羽天皇在位期间，都由后白河上皇实际掌权。平清盛因保元之乱而赢得后白河天皇的信赖，在取得平治之乱的胜利后，平氏一族的势力开（接下页）

其实是在比这更早之前就已经出现了。如果追溯到最早，应该是1180年源赖朝进入镰仓时；现在主张这一论点的研究者的声势越来越大。因为这一年诞生了实质的关东政权，所以仆也是部分赞成的。但若论最终消灭平家、恢复安定政治，还是应该1185年更为准确吧！而且在这一年，源赖朝将弟弟源义经放逐到京都，还从曾经宠信源义经的后白河法皇那里取得“讨伐源义经”的院宣，更为了搜索他的行踪还得到了制度上（设置守护[①]）的保障。

12世纪这一百年间，也就是中世刚开始的百年，经历了从院政到平家政权、随后又是镰仓幕府的变迁。如果从11世纪一直存在的摄关政治的时代着眼——其实摄关政治始于10世纪，这样的转变不正是让人“眼花缭乱”的表现吗？

如果再看那之后所发生的事，幕府的武家政权直到1867年的大政奉还为止，可是持续了700年之久。所以12世纪真是政治上剧烈变动的时代。

（接上页）始扩张。这使后白河法皇（1169年出家）感到不满，双方逐渐对立。1179年，平清盛发动治承政变，后白河法皇被幽禁于鸟羽殿。自此后白河院政宣告中止，由平清盛独揽大权。1183年，后白河法皇发布追剿平氏的命令。平氏灭亡后，取而代之的源氏，源赖朝与源义经不和。他对源义经下达讨伐源赖朝的宣旨，而眼看源义经遭到失败，又立即对源赖朝下达讨伐源义经的院宣。1192年，后白河法皇去世。

① **守护**：以追捕源义经为由，在各处设置的以军事戒备、追捕犯人为任务的官职。至镰仓时代末期，守护开始出现领主化的趋势。室町时代至南北朝，其权限更广，可在某一地域独立地行使权力，往往转变为守护大名。

为什么会出现这样的结果？理由非常多。历史的变化并不是那么纯粹的，而是各种要因以合成的方式互相产生作用，然后偶然堆累而成。之所以会形成白河院政，是因为他的父亲后三条天皇没有任用外戚作为摄关家。这对父子应该是继10世纪初的醍醐天皇以来，好不容易能够自己掌握政治的天皇。白河天皇为了确保退位也不失去权力，于是发展出院政的形式。然而院政之所以能够建立，并不仅是基于这个原因。在当时家系的应有面貌与其改变的性质（从氏族到各家系，“家臣”的诞生、长子继承制等）、庄园的发达、地方统治体系的变化、武士集团的成长等各种因素相互牵连之下，才能产生这种统治体制。

不，不只有日本国内的因素而已。12世纪东亚整体都处于变动期之中。1086年，即白河院政开始的那一年，中国宋朝也发生了改革[①]。正确来说，是在前一年，推动政治改革的神宗才40岁就去世了，保守派夺取了政权。往后40年间，改革派与保守派展开激烈的政治斗争，结果导致了北方的金一度灭宋，是为1127年的靖康之变。之后，宋在南方复立，与北方的金对峙。不过，在金的北方，出现了初试啼声的蒙古。1206年，成吉思汗立国，开创了新的时代。日本的政治变动（例如，镰仓幕府的建立），与中国的变动不无关系，这是仆的见解。

---

① 即宋神宗在位期间力主的“王安石变法”（又称“熙宁变法”）及“元丰改制”。这些改革措施，随着1085年（北宋元丰八年）他的离世，改革失败。

总之，12世纪正是“诸行无常”。《平家物语》与《方丈记》之所以会那样写，也是基于他们对那段历史的实际见闻和感受吧！

由平清盛建立的平家政权，部分人可能会认为，“毫无疑问，平家取代藤原氏，从此以外戚的身份掌控了政治”。但是那也不过是昙花一现，平家很快就在坛之浦被打败了。

当时的人也无法预知，源赖朝在镰仓成立的政权，究竟能够持续到何时吧！

因为我们知道在那之后的700年武家政权的历史，所以对照平家政权的失败，源赖朝以武家政权的第一代被世人熟知，但是源赖朝与同时代的人，那时还看不出这样的未来。就算有人认为镰仓幕府也是一时的产物，会和平家一样转瞬即逝，或者被灭亡，也不是什么稀奇的事。后鸟羽上皇正是这么认为的，所以向镰仓发动战争，却以失败告终（1221年的承久之乱[①]）。也许可以推论，当时似乎已经决定了武家政权并不同于平家政权，只是短暂的产物，至少是与摄关政治一样长久延续的体系。

---

① **承久之乱**：1199年镰仓幕府的创始人源赖朝去世后，家族内部争斗不断，导致源氏断绝，幕府实权落入其妻北条氏一族手中，将军成为虚设。1221年（承久三年），后鸟羽上皇向各国武士颁布讨伐北条义时的院宣。在北条政子的鼓动下，大多数御家人集结在幕府旗下，幕府军迅速击败了朝廷军，并占领了京都。幕府废黜了仲恭天皇，拥立后鸟羽上皇的侄儿后堀河天皇；将后鸟羽上皇流放隐岐岛，顺德上皇流放佐渡岛，土御门上皇流放土佐国。“承久之乱”后的朝廷丧失了拥有军队的权力，皇位继承及朝廷政治也由幕府决定，国家权力严重倾向武家。

另外，即使在武家政权时代，京都朝廷里的摄关仍然式微，依旧是由院政统治。废止摄关制度，在实质上否定院政，依据的是1867年12月的《王政复古大号令》。幕府和摄关、院政在13世纪之后可是一直共存的。

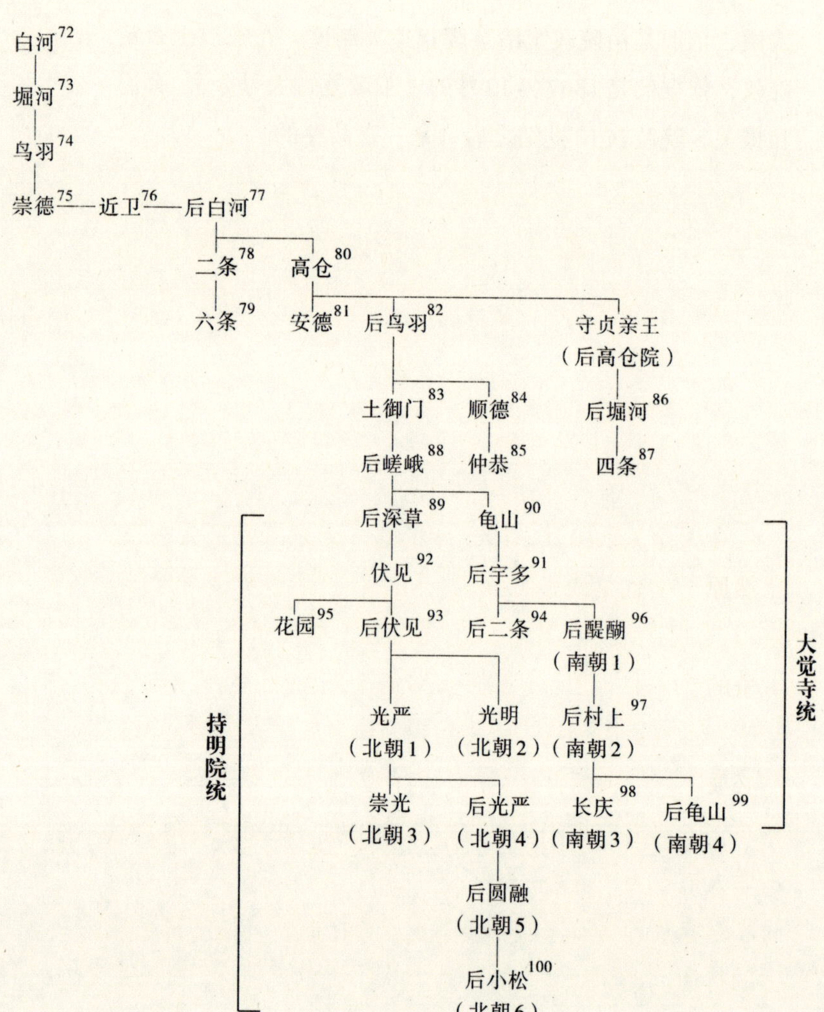

第72—100代天皇世系图

♣3　镰仓新佛教的时代背景

今天是3月10日，1945年的这一天东京受到大空袭。虽然原子弹也是残忍的兵器，但一枚枚燃烧弹烧毁家园，据说造成了10万人死亡，这些人是人类历史上最大规模战争的受害群体之一。为什么到了这个地步还要和美军作战呢？姑且不去分析，但作为我们熟悉的历史，我认为是有必要了解并向后世传达的。为什么美军要进行这种程度的攻击？当然，关于日军以中国为起点，在亚洲各地进行的非人道行为，也是一样。

尽管程度各有不同，但不论在哪个时代，战争都是残酷的行为。提到源平合战，很容易让人想到优雅而华丽的舞台，但归根究底，也不过是互相夺取敌人首级罢了。并且把砍下来的头呈给自己军队中的大人物，获得“你做得很好”的赞誉，之后得到金银、土地或女性作为奖赏，这就是武士们的目的。

所以己方是否正义根本无关紧要。发生于12世纪的三大内战：保元之乱（1156年）[①]、平治之乱（1159年）[②]，还有治承·寿永之乱（1180—1185年）[③]，不管哪一场战争，实际上在战场上作战的士兵，几乎都不太了解己方的领导者到底主张什么，又为何发动战争。

然而，历史会成为后世的智慧。《平家物语》详尽地描写了平家之所以没落，是因为平清盛等人的骄纵，继而造成了在坛之浦发生的悲剧。前文介绍了平重盛对平清盛

---

① **保元之乱：**1156年7月发生于日本的内战，对阵双方为后白河天皇和其支持者平清盛、源义朝等，以及崇德上皇和其支持者平忠正、源为义等。由于1155年近卫天皇的去世，导致了激烈的皇位继承斗争。两位上皇——近卫的父亲鸟羽法皇与近卫的兄长崇德上皇都希望由自己一系来出任新天皇。结果鸟羽法皇的儿子雅仁亲王即位，为第77代天皇后白河天皇。1156年（保元元年）鸟羽法皇去世后，崇德上皇为夺回皇位而起事。结果后白河天皇一方获得胜利。保元之乱的双方均借助武士的力量作战，标志着武士阶层开始走上日本政治舞台。

② **平治之乱：**1159年（平治元年），在保元之乱中为后白河天皇立下大功的源氏家族首领源义朝，因为不满自己的封位低于平氏家族首领平清盛，趁平氏家族离开京城参拜神社之机，联合藤原信赖拘禁后白河上皇和二条天皇。平清盛闻讯赶回京城，击败源义朝，诛杀藤原信赖。源氏一族只剩下源义朝的儿子源赖朝被流放伊豆。经历了平治之乱，平氏彻底专揽了朝政。

③ **治承·寿永之乱：**即源平合战。1180—1185年，源氏与平氏两大武士家族为了争夺权力而展开的一系列战争的总称。以1179年平清盛软禁后白河法皇、拥立自己年仅2岁的外孙安德天皇、平家完全掌握朝政为开端，以1185年坛之浦之战、平家覆亡为终结。诸多平氏、源氏在地方的豪族势力（例如，北条时政、木曾义仲、畠山重忠、新田义重、志田义广、佐竹秀义等）也卷入其中。

谏言的场面，我们可以假设，如果平清盛接受了他的谏言，或者平重盛没有那么早病死而成为平家的家主，应该就不会发生坛之浦的惨败了吧！《平家物语》对于在平清盛和平重盛死后而成为后继者的平宗盛，相较之下较为冷淡，但除此之外，该书对于平家一门是极为同情的。特别是平敦盛①在一之谷战役中战死的场面，也全力着墨（卷九《敦盛死期》）。

源氏一方的武士熊谷直实，在战场上看到一个身份似乎很高的平家武将。于是，熊谷直实逼近马匹抓住他，当他把那人压在地上准备取他首级的时候，看到了他的脸，发现对手与自己的儿子差不多都是十六七岁。因为是虚岁，所以正好是你这个年纪。"你的父母不知会多么叹息啊！帮助了这个年轻人，对整体的胜负不会有多大的影响。"熊谷直实想就这样放走他，但不巧友军已经到了，不管走哪一条路都没办法救他了。因此熊谷直实含泪取下平敦盛的首级。②"啊啊！既然身为武士就没有任何遗憾了。如果不是生在武家，为什么会有这么痛苦的眼神呢？就算羞愧，也要请你杀了我吧！"(《新编日本文学全集》四六，

---

① **平敦盛（1169—1184）**：平安时代末期的武士，平经盛的幼子。15岁时参与一之谷之战，在撤退途中听到源氏武将熊谷直实高呼武士逃跑是可耻的，便重回战场，后被击败斩杀。有人认为熊谷直实后来出家，是因其感叹年轻生命的骤逝。

② 另有说法认为，熊谷直实之所以取下平敦盛的首级，是因为平敦盛坚持认为，被如此英勇的敌人斩杀是武士的光荣，要求熊谷将其首级砍下。

第234—235页）

平敦盛是吹笛子的高手，当时他身上也带着一支名为“小枝”的笛子。虽然假名的念法是“saeda”，但也许从句子的调子来看，读“枝”（sae）比较贴切。平敦盛每天晚上演奏“小枝”的乐声，也传到了熊谷直实的耳中。平氏的数万名士兵中，会随身携带笛子的恐怕只有他一个人吧！《平家物语》解释，熊谷直实原本也是风雅之士，却不得不舍弃，因此他厌恶以武士为业，后来便跟随法然上人出家了。

熊谷出家的真正原因，尽管似乎是因为对获得的封赏土地有争议；姑且不论这点，身为一个既是武士也是杀手的男人，最终成为净土宗开山祖师法然的弟子，希望往生极乐世界，这与藤原道长当时的期望又是不同的，可以从中感受到新时代的气息。

就像前文说过的，关于当事人是否有自觉，是值得存疑的。虽然往生极乐世界这点是一样的，但是优雅的贵族所希望的那种极乐世界，与后悔被自己的血污染的人生的极乐世界，在本质上应该是完全不同的吧！教科书里写到的“镰仓新佛教”的兴盛，是有着这样的时代背景。

提到镰仓时代的佛教，有六个新流派：以法然为首的净土宗、以亲鸾为首的净土真宗、以一遍为首的时宗、以荣西为首的临济宗、以道元为首的曹洞宗、以日莲为首的日莲宗（法华宗），记住他们的开山祖师是关键。虽然记住这些很重要，但如果只记得这些专有名词，而不理解为什么会有这些宗派的诞生及它们的教义内容具有什么特质，是没有任何意义的。在这里，不用日本史教科书，而是引用伦理教科书作为结束吧！第一学习社的《论语》改订版（2006年检定[①]完毕）。这篇文章原本是仆所写，改订版则由D大学的O教授加以改写。文字来自附有小标题“镰仓佛教的革新性”的段落。

> 镰仓佛教的开山祖师们，各有念佛、坐禅、称念经名等不同的方法，但不管哪一派都选择简单易行的方式。通过这些方式，深化精神上的宗教体验，使宗教成为活在乱世中的人的心灵依靠。这些信仰的关键推手，是将宗教广泛地向普通大众传播，庶民人人都可以通过念佛、坐禅、称念经名，使自己的灵魂得到安乐。
>
> 这个时代的佛教，是主体的、精神性的、实践的、大众的。另外，例如对亲鸾“食肉娶妻”[②]的肯定，或道元“身心脱落”[③]的思想，镰仓佛教不再只是单纯继承东亚大陆的佛教，而可以看到日本的独特发展。

---

① **检定**：日本的中小学教科书必须经过文部科学省（相当于教育部）的审定才能作为教科书使用。

② **食肉娶妻**：亲鸾（1173—1263）是日本佛教净土真宗（一向宗）初祖。为开显阿弥陀佛广度一切众生的真义，他在31岁时公开食肉娶妻，向世人强调，佛的拯救不分在家、出家，所有人都能以其原本的面貌得到拯救。

③ **身心脱落**：佛教思想，指坐禅时要脱离五欲（色、声、香、味、触）、抛弃五盖（贪欲盖、瞋恚盖、睡眠盖、掉悔盖、疑盖），以达到悟的境界。

进入江户时代之后，由于寺院法令和为打压基督徒而制定的寺请制度[①]的存在，佛教的发展受到限制，但仍然出现了泽庵与良宽等人，向庶民传播镰仓佛教的祖师们所提倡的思想，从心灵的苦恼中解放救济世人。这样的思想，后来也在日本人心中传承，直至今日，我们的时代。

① **寺请制度：**又称为坛家制度。江户时代为了打压基督徒，规定每个人必须作为檀徒（施主）归属某一寺院，从而得到非天主教徒的证明。

♣4 “对了，去京都吧！”里的京都

镰仓新佛教在一开始，被以天台宗为中心的旧佛教众人冷眼看待。即使为了解释禅宗绝非危险的思想而出现了《兴禅护国论》[1]，结果也是毫无收效。至于法然，因为其门人行为不检点，连累他被流放到高知县；法然的弟子亲鸾也在当时被流放到新潟县。这些都发生在1207年。

那个时候如前文所提到的，中国也出现了新的变动，即蒙古帝国兴起了。1206年，统一了蒙古的各部族，即位为汗的铁木真（成吉思汗），开始向周边地区拓展领土。他死后，第二代大汗窝阔台灭金，使高丽成为其附属国，

---

① **《兴禅护国论》**：日本临济宗的初祖荣西于1198年完成的阐释禅宗著作，是他二度入宋返日之后所作。全书分为三卷十门，是日本最早的禅书，不仅对禅宗义理进行了介绍，还说明了禅对国家的重要性及佛法与王法的相依性。对“持戒”和“护国”两方面的强调，充分表明了日本禅宗的特色。所以，“镇护国家、兴禅护国”是该书的旨趣所在。

蒙古成长为东亚地区最强的国家。蒙古向西攻打至现在的波兰，震撼了欧洲人，使他们紧张不已。

到了1268年，忽必烈通过高丽，派遣使者前来日本，要求“称臣纳贡，如果不从，我们便要派出军队了”。

当时镰仓幕府的将军职位不过是装饰品，实际上是由北条氏掌握执政的大权。当时掌权的北条时宗对大元的国书并不回应，即使对二度前来的使者也采取无视态度。因此，就像忽必烈所预告的，1274年（文永十一年），他派出了数万大军开赴日本。第一次的元军入侵，根据年号，称为“文永之役”。

日本方面在对马壹岐、松浦接连败战，蒙古军攻入博德湾。因为战术和以往不同，日本军最终退到了大宰府，元军真正登陆日本，似乎已成为不可避免的了。

但这时却刮起了台风（神风），元军的船多数沉入了博德湾。成为受害者的入侵者，往高丽撤退。

7年后的1281年（弘安四年），蒙古此时已经灭亡南宋，成为控制整个中国的统治者，便又派出比上一次数量更庞大的军队，逼近日本。第二次元军入侵，也就是“弘安之役”。这次日本方面对防御之策不敢掉以轻心，使元军难以登陆。[①]后来，台风再次袭来，可怜的元军远征士兵们，就这么葬身大海了。

---

① 日本军改进了自己的弓箭，与蒙古强弓不相上下。由于北条时宗下令，在日本沿岸所有重要地区都建起石墙（石堤），极大增加了元军登陆的难度。

回顾中日两千年的交流史，日本受到来自中国的如此大规模的攻击，可说是空前绝后了（由日本发动的进攻有：白村江海战、丰臣秀吉出兵朝鲜以及持续了五十年之久的中日战争）。虽然是“元军入侵”，进攻的是元朝的军队，但中国当时在蒙古的占领下，也可以视为被统治的国民吧（那时候的韩国，也就是高丽国似乎也是相同的情况）。然而，忽必烈身为元帝国的大汗，并不是要求日本向蒙古俯首称臣，因为蒙古的国书不是用蒙文写的，而是用汉文写成。

的确，唐或宋并没有派遣军队远征日本的计划。然而，也不能就此认为他们对日本是以对等的友好国家来看待。在本书中已经说明，当时原本就不存在与近代一样的国际关系规则。

以唐和宋的角度来看，日本毫无疑问是地位低下、应该来朝见进贡的小国，所以遣唐使实际上也是这种性质的使节团。虽然日本没有向宋派遣国家使节，但是前往宋的僧侣们，也不是前往对等国家，而是为了到佛教的发达地区巡礼和修行。实际上，荣西、道元所提倡的新流派禅宗，就是从中国带回的。

不仅这两人，在13世纪后半叶到14世纪前半叶的一百多年间，为数众多的禅僧到中国留学，还有很多中国的禅僧也来到日本。以现代的意义来看，他们也像过去的鉴真、最澄、空海那样，不算是纯粹的“宗教人士”。他们是诗人、艺术家、技术人士，甚至政治家。

兰溪道隆[①]与无学祖元[②]是渡来僧的代表。镰仓的建长寺、圆觉寺就是为他们而建造的，加上荣西创立的寿福寺等，创设了五山制度[③]。由国家认定临济宗的主要寺院，并给予各种特权，以保护扶植他们。

14世纪中叶，从镰仓时代末期到南北朝时代，一位名为梦窗疎石[④]的僧侣（他没有留学中国的经验）非常活跃，他曾担任北条高时（幕府执权者）、后醍醐天皇（倒幕成功的天皇）、足利尊氏（背叛后醍醐天皇开创室町幕府）等各方政治对立的掌权者的顾问。他在镰仓创建的瑞泉寺是以梅花庭园而闻名的名刹，但不管怎么说，京都岚山的天龙寺还是更有名一些，它后来成为“京都五山”中的第一。

---

① **兰溪道隆（1213—1278）**：在成都大慈寺出家，法名道隆，因籍贯而号兰溪。1246年，东渡日本，弘扬禅学，并传播了中国的文化科技。圆寂后，后宇多天皇赐谥号“大觉禅师”，这是日本“禅师”谥号之始。

② **无学祖元（1226—1286）**：别号子元，宋代临济宗高僧。1279年，北条时宗邀请祖元东渡，遂随日僧荣西、道元从宁波出发，抵达日本。住建长寺，出任镰仓建长寺第五世住持。1282年，北条时宗建圆觉寺，无学祖元为开山初祖。兰溪道隆、无学祖元在日弘教，僧堂生活大量移植宋法，浙江的文化和生活习俗在日本开始被效法，临济禅风、径山茶道花道，逐渐根植于日本。

③ **五山制度**：源自中国宋朝，除了镰仓的五山（建长寺、圆觉寺、寿福禅、净智寺、净妙寺），京都也有五山（天龙寺、南禅寺、相国寺、建仁寺、东福寺、万寿寺）。

④ **梦窗疎石（1275—1351）**：日本临济宗僧人，宇多天皇后裔。住于京都南禅寺、镰仓圆觉寺，大扬禅风。创建天龙寺，为开山第一世，推动派遣天龙寺船至中国贸易。其法系形成梦窓派（一称嵯峨门派），非单纯之禅风，尚带有密教色彩，并缔造五山文学之最盛时期。此外，他对造园之术也颇有造诣，所造庭园静寂闲雅，富于禅风。

岚山渡月桥的周边也属于天龙寺的范围。像梦窗疎石这样的禅宗高僧，会得到天皇授予的“国师”称号。在教科书中，除了他，还会介绍到“五山”中汉诗文的名家，例如绝海中津、义堂周信。

他们再次肩负起将这个时期的中国文化，即当时的日本人眼中“世界中心的文明”，在日本发扬光大的责任。那是与鉴真、最澄、空海所处的时代不同，而且内容上也不一样的“文明”。提到中日交流史，不管怎样，都会围绕着遣唐使时代的话题打转，但其实13—16世纪的交流也是非常重要的。从与当代有直接相关的意义来看，或许那个时代带来的影响比遣唐使时代还要大。书法、水墨画、建筑、庭园的布局、素食料理、喝茶的风气这些后来成为日本传统文化的东西，大多是在这个时期由东亚大陆传到日本并确定下来的。

现今留存于京都的寺院中，没有一座是从平安京创建之时就原封不动地保存下来的。因为延历寺与东寺都因为战争而遭受火灾被毁。白河法皇之后，院政时期的法皇们所建立的六座巨大寺院，总称为六胜寺，现在也都不存在了。相反地，以天龙寺为首，南禅寺、建仁寺、东福寺、大德寺、妙心寺等这批创建于13至15世纪的禅寺，现在很多都成为京都的观光名胜。对了，当然还包括金阁寺和银阁寺。

“对了，去京都吧！”这句JR东海的口号，与其说是对遣唐使时代的缅怀，不如说是以这个日本传统文化形成的时代，复制着现代人无法倾诉的乡愁。

♣5 “宁案”的目标

今天在大学年度最后的教授会议之后，要举行退休教授的惜别会，是朝鲜史的Y教授的欢送会。

Y教授长达30分钟的致辞，是发人深省、非常精彩的演讲。其中让人印象深刻的是，他也提到了与本书的主旨密切相关的部分。他说:“对过去的人而言，历史是眼前一片黑暗的世界。我们这些活在数百年后的人，是把那些事件的结果当作过去的事情来了解。但是对于当时的人而言，那是还不可预见的未来。当时的人所作的判断是正确的或是错误的，我们这些现代人宛如从高处往下看一样地去评断历史的做法，是对的吗？”Y教授说了如此意味深长的话。

仆也完全有同感。如果用是否正确的观点来衡量历史上的人物的行为，是一种后世者的傲慢。如此评断历史上的人物，下次也将会受到来自自己后世的相同对待吧！如果让仆来说，这就是仁义道德的世界，没有用虚心坦怀的眼光来看待历史。因为人之所以为人，就是会做出大量的错误决定，不管是过去也好，现在也罢，甚至可能未来的人也是一样。然而，我们不是要单方面地责难这些错误的决定，而是要从失败中汲取并活用经验，不要重蹈覆辙，这才是最重要的，不是吗？

Y教授的专长是韩国史，应该是格外的困难吧！在韩国，因为儒教传统势力的影响，用仁义道德来判断历史的倾向更加强烈。特别是历史上与日本之间的关系有不幸，因此，他们不是以“眼前的黑暗”来看待那段历史，而是戴着“仁义道德”的眼镜，围绕在历史认知里的对立是根深蒂固的。仆觉得（Y教授应该也有同感），丰臣秀吉在朝鲜半岛的所作所为，对韩国而言是非常抱歉的，也是很要不得的事情。不过尽管这么说，抓着丰臣秀吉军队如何残虐不仁的事来争论，能够解决所有事情吗？还不如好好检讨为什么他要向朝鲜出兵以及当时的国际环境与日本国内的社会形势，并通过分析以丰臣秀吉为首的当时的日本人是如何看待中国和韩国的，应该就可以解释清楚“为什么会出现那样愚蠢的行径”吧！不只是丰臣秀吉，当然关于日本在20世纪的所作所为，也可以说是同样性质的行为吧！

现在我们所生活的日本，是如何在东亚过去的那些交流的基础上形成的？以这个疑问为主题，我们现在正在进行一项名为“宁案”的研究专题。“宁案”就是宁波专案的简称。宁波是中国的港口城市，离上海不远。过去所担任的角色，可以说如同现今的上海。很多日本人都是经过这个港口城市到达中国，例如9世纪的最澄、12世纪的荣西、13世纪的道元、15世纪的雪舟。到了17世纪，因为锁国的缘故，日本人渐渐不再前往中国了，但是来到长崎的中国船则被称为“宁波船”。实际上，从中国到日本的商人或是船员，似乎很多都来自宁波。

因此，宁波扮演的角色是中国向日本传播文化的窗口。如同前文所说，在禅宗僧侣13世纪到16世纪的文化交流中，宁波正处于中心。宁波的郊外有中国“五山”中的两座山，另外三座山也位于宁波附近的杭州。如果与日本有密切联系的港口城市不是宁波，而是更南边的福建省或是更北边的山东省，说不定“五山”的文化就不会在日本扎根，甚至饮茶的习惯、水墨画的样式、书院建筑和枯山水等，也可能成为完全不一样的东西。若我们想要确实了解关于日本传统文化的种种，学习宁波及其周边的历史是必要的。

大概就是因为这样，从2005年夏天开始，来自日本的约150名研究者参与了“宁案”。除了历史学的专家以外，还有像仆这类的思想研究者，另有文学、演艺、美术、饮食等各文化领域，水利、建筑、造船等工学方面，再加上植物学、医学、数学等，各式各样跨领域的专业人士集结在一起，互相交换意见，尝试着共享各自的研究成果。以高中的科目来说，也就是涉及日本史、世界史、地理、伦理、政治经济、国语（古典作品）、艺术、生物、地球科学、数学等各领域（当然中文也包括在内）。

不是要自夸，因为仆作为代表，统领全体参与者，责任相当重大，常常收到来自同事“要管理这个项目，想必很不容易吧！”的关切话语。的确非常不容易，但是也因此得到只有参与其中才能享受到的乐趣。自己不懂的地方，得到其他成员的各种指导，所以在自己专业领域中一直悬于脑中的疑问才能获得解答。所谓最先进的研究，会随着内容越来越细琐，而使其他领域的人变得难以理解，但这个项目采用的形式，与纯粹同领域的专家间对话完全不同，因为想办法用让不同专业领域的人也能理解的话来解释，是非常重要的，所以在“宁案”中，这种方式非常有成效。

所谓历史，一般会权宜地分为经济、政治、社会、文化四个方面，教科书的写法也大致如此，但应该将这四个方面互相交错组合才对。也就是说，对于当时生活在“眼前的黑暗”的人而言，并没有区分“这里是政治的问题，那里是文化的部分”。考察镰仓五山的建长寺创建之时的背景，政治上意味着北条时赖以兰溪道隆为智囊；经济上因为与南宋的贸易而有铜钱流入的问题；社会上的表现在于佛教之中临济宗势力的增强；文化上的意义则是把五山文化从来源地中国移植过来。把这些切割开来阐释，或许比较容易解释，也便于理解，但还是有必要重新将整体综合统整起来，以掌握整体样貌。学习历史本来就应该如此，而不是默背“建长寺创建于1253年，开山祖师为兰溪道隆”。

如果“宁案”能够成为稍微改变日本社会看待东亚历史的角度的契机之一，那将非常令人欣慰。为了这个目标，仆会继续努力，所以请你也为我们加油。

♣6　被称为石蕊试纸的南北朝到室町时代

在蒙古入侵的50年后，镰仓幕府灭亡了，就是在“同党背叛，北条散亡”[①]的1333年。将军的家臣称为“御家人”[②]，但是手握权势的御家人足利尊氏终究还是背叛了。

关于背叛的原因，过去有各种说法，现在也认为是多重因素造成的，很难简单地说明。经济上，商品流通经济的普及；社会上，御家人的没落与新兴阶级的兴起；政治上，天皇家内部的纠纷与幕府内部的权力斗争，这些都是造成幕府衰亡的原因。

---

① **同党背叛，北条散亡**：原文是方便背诵的双关语：“一味（一三）背いて北条散々（三三）”，把北条氏灭亡的1333年放入同音字里。

② **御家人**：意指镰仓时代与将军直接保持主从关系的武士，最初是指与源赖朝建立主仆关系的武士。镰仓幕府时期，将军与御家人在主从关系的基础上，有着“御恩”与“奉公”的关系。室町时代以后，还保留着御家人的称呼，但武士家族已经具备了前代所无的独立性。

因此，与其说因为镰仓幕府消失，问题还是没能解决，倒不如说，新政府为了解决这些难题而继承了这个重责大任。此外，由后醍醐天皇亲政的建武政府，在这方面的努力也失败了。对现实抱有不满的人，改为对足利尊氏寄予厚望，因而产生了新的幕府政权。

在前文介绍过的赖山阳等人的历史认知里，他们批判足利尊氏，认为其行为是对于好不容易实现的天皇亲政政府的一种背叛。这样的批判对当时的政治形势和社会状况欠缺冷静的观察，是相当自以为是的想法。正如鲁迅在《狂人日记》中所揶揄的："没有写年代，只有强调仁义道德的历史。"不论何时何地，对天皇忠诚都是正确的，如果不这么做，像足利尊氏这样的人物，无须多言，就会成为被批判的对象。

对足利尊氏的孙子、三代将军足利义满来说，也有类似的情况。他的罪状是"身为日本人，竟成为中国皇帝的家臣"（拙著《足利义满：消失的日本国王》一书中，也提到这个问题）。也就是说，自圣德太子的遣隋使外交以来，日本政府坚持一贯的政策，与中国皇帝对等较劲，也不屈服于蒙古的胁迫；然而为了获得来自勘合贸易[①]的利

① **勘合贸易**：明朝与日本两国之间的商业交易协议，前提是室町幕府将军接受明朝皇帝册封为"日本国王"，并进行朝贡贸易。1401至1549年间，共实行19次。1404年之后，明朝向日本颁发贸易许可证"勘合符"以区别于倭寇，贸易仅限于以此确认的正式遣明使船（勘合船），当船只来到中国，交出勘合符比对，符合者收回勘合符之后就可以进行贸易。

益，竟特地谦卑地接受明朝“日本国王”的任命，这究竟是什么道理。

姑且不论像赖山阳那样150年前的尊王攘夷派，因为现在还有人持这样的历史认知。在现在的中日外交上还存在“仁义道德”拥护者，真是令人惊讶。因为改订的关系，现在的版本已经没有这样的描写了，但是扶桑社版本的中学历史教科书曾经有将源赖朝与足利义满并列介绍的小专栏，其中强调源赖朝尊重朝廷，但足利义满则被认为有以自己取代天皇的计划，并以“所以足利义满因而罹病，空虚地离开世间”作结。

从这本教科书可以得到的教训是：“像将军这等人，是不可以想要成为天皇的。”如果赖山阳老师知道这一结论，应该会大喊：“说得好！”然后感动得痛哭流涕吧！

仆第一次读到这样的话时，有一种好像被什么怨灵附身般的恐怖感觉。为了“降伏”这个怨灵，仆花了数年写了许多本书（《义京的东亚》《靖国史观》《足利义满》等），然后便是这本书。

怎样描述从南北朝时代到室町时代的这段历史，会鲜明地显示出作者的“日本国”印象。是要感叹仁义道德堕落的时代，或是视为充满民众活力的时代，还是要将其视为与当代相联结的传统文化的形成时期？不管哪一种，都是有形成那种思考角度理由的历史观吧！因为历史与数学不同，并没有“唯一的正确答案”。

不过不管从什么角度诠释，以前的“日本国”的去向或许在未来会有所改变，要拥有理解这种可能性的历史观。

即使“二加三”不等于“五”，而是“六”，日本也不会灭亡吧！但是要如何看待历史，与我们的未来直接相关。仆的人生也已经结束一半了——或许也可能99%已经结束了。无法预测的部分，正是“未来”的恐怖之处。过去的事已经无关紧要，你们的人生现在才要开始。为了不要耽误你们重要的将来，我们不得不做好自己的工作吧！

啊，怎么好像一副煞有其事、感人落泪的样子，让气氛变得沉郁了起来，转移一下话题吧！

背叛后醍醐天皇[1]的足利尊氏，从镰仓攻打至京都。随后把后醍醐天皇逼到比叡山，暂时占领了京都。不过，从背后追击足利军的是有如大浪般涌至的军队，即北畠显家[2]

---

① **后醍醐天皇（1288—1339）**：日本第96代天皇，开启南北朝时代的第1位南朝天皇。他在位期间，多次筹备反对镰仓幕府的运动。1332年，因倒幕失败被流放到隐岐岛。光严天皇继位。1333年，在倒幕派的帮助下回到日本，再次举兵讨幕。镰仓幕府执权北条守时派出的足利高氏，临阵倒戈支持后醍醐天皇，随后北条氏与镰仓幕府灭亡。回到京都的后醍醐天皇不承认光严天皇皇位的合法性，尊之为上皇，剥夺其所有权力。同时废除了幕府和摄关制度，建立了天皇独裁政权，称为“建武新政”。1335年，足利尊氏起兵，后攻入京都，支持光严上皇开设院政，并由持明院统的光明天皇即位，开设室町幕府。后醍醐天皇携带三神器逃往大和国的吉野，建立南朝朝廷，从此开始了日本的南北朝时代。

② **北畠显家（1318—1338）**：北畠亲房之子，南北朝时代的公家兼武将，是日本有名的少年将军，后世誉之为“花将军”。1335年，足利尊氏在镰仓造反，于是北畠显家南下勤王，同新田义贞、楠木正成一起大败足利军，是足利尊氏早期的主要对手之一。1338年，再次南征足利尊氏，初获胜绩，后因援军迟至，力战身死。讨伐足利尊氏时以风林火山为阵旗，是风林火山阵旗的发明者。

率领的奥州军队。这是在本书中久未登场的东北势力啊！勇猛果敢的军队，没多久便击败了足利军，足利尊氏打算东山再起，逃到了九州岛。

在途中，足利尊氏收到了与后醍醐天皇对立的光严上皇的信件，信中写道："你们才是正义的军队。"因此，他不再只是"叛乱者"，而是获得天皇家另一方的命令而采取行动的"将军"。如前文所述，仆认为在这些细节上的讲究，很有中世的特色。足利尊氏自己也知道仅凭仁义道德，并不能在战争中获胜（但后醍醐天皇会这么认为就值得注意了）；不过强调自己才是仁义道德的体现者，他也期待着这多少能够在战争中发挥有利的作用。

结果成效如何呢？尽管史料记载，他在军事上居于压倒性的劣势，但却在博德近郊，击败后醍醐天皇的菊池军，再度向京都进发，从西面进攻。后醍醐天皇方面派出大将新田义贞迎敌，而北畠显家已经回到奥州了。北畠显家这个年轻人，就是《神皇正统记》的作者北畠亲房引以为傲的儿子。

新田义贞旗下的大将楠木正成，在输了这场战役之后，有了战死沙场的觉悟。因此，他的儿子楠木正行在途中返回故乡，这是《太平记》中首屈一指的著名场面。[①]那个

① 1336年5月，足利尊氏在九州、四国等地武家的支持下卷土重来，直逼京都。后醍醐天皇急诏楠木正成回京。在当时的情势下，楠木正成认为，以己方劣势抵挡敌方优势是无谋之举，应当暂时避开敌人的锐锋，而后醍醐天皇与公卿大臣却不甘心在足利尊氏面前退让，所以强令其出战。对于楠木正成父子在樱井诀别的场景，西乡隆盛曾作诗：殷勤遗训泪盈颜，千载芳名在此间。花谢花开樱井驿，幽香犹逗旧南山。

地方名为“樱井”，碰巧又是樱花。如果是“梅井”“桃井”，或者“楠井”，应该就不会成为后世如此频繁出现在戏剧中的知名场景吧！以下是《太平记》里楠木正成的台词：

> 若是听到正成战死，天下必定会成为将军（尊氏）的治世。但是人世间，即使变成了这样，也不可以只想着要活命，而舍弃了长年持续的忠义，不可以投降或做出违背道义的举动。在一家老小、满门家眷中，即使只剩下你一个人，也要死守金刚山，如果敌人攻进来了，就舍命出战，将名誉留给后代。这是我认为你能做到的孝行。（《新编日本古典文学全集》五五，第305页）

对后醍醐天皇尽忠，也就是对家族尽孝。这是提倡忠孝两全的著名文章。啊，可是为什么非得要大肆宣扬这种仁义道德呢？结果，楠木正成在这之后就在凑川战死了。他的儿子楠木正行遵循他的遗言侍奉南朝，最后也战死了。

不过，明治以来的实证式历史研究显示，楠木正成在历史上并不是这种以说教流传后世的人物。这个知名的场面，终究只是《太平记》作者的创作吧！对楠木正成来说，取下敌人的首级，获得恩赐，让自己一门发达才是重要的事，他和儿子应该都没有为了忠义而让全族都被消灭。危险的战役不让儿子同行，这里要传达的讯息应该不是“现在活下去，之后再战死”，而是“要一直活下去，让楠木一族延续下去”才对。

鲁迅所说的“仁义道德会吃人”，你应该了解意思了吧？

♣7　将日本史一分为二的应仁之乱

12世纪，中国南宋出现了朱熹这位思想家。他自称是孔孟学说的严肃继承者，写了《论语》《孟子》（鲁迅针对此书而使用“吃人”这个词）的注释本，表明了他信仰儒教的本义。“仁义道德”的学说，因为他而得到了深奥的哲学与思辨的证明。朱熹将学问体系化，因此他的理论被尊称为“朱子学”。

统治中国的元朝，推崇朱子学为官学。一方面，这便于对汉族使用怀柔政策；另一方面，因为朱子学的普遍性，在这个异族王朝里也很有效。在元之后统治中国的明朝，更加推崇朱子学，连选用官员的科举考试，都要求必须依循朱子学的思考方式作答才是正确答案。当然，希望成为官僚以出人头地的学生，都不得不学习朱子学。就像我们现在不得不学习关于民主主义的理念或是基本人权之类一样。

这波浪潮也逼近了日本。蒙古入侵时，我们在岸边成功地挡住他们的侵袭，但是却无法阻止朱子学说的渗透。不对，应该是积极地采纳吧！然而，在没有科举制度的日本，呈现出与韩国（高丽、朝鲜）以及越南（黎朝）不一样的情况。学习朱子学的主要对象不是要参加科举的人，而是禅宗的僧侣们。

13世纪至14世纪，留学僧和渡来僧们，把朱子学的书籍带到了日本。在思想内容上，禅学与朱子学其实关系颇为相近，因此，他们把朱子学作为领悟佛教真理的辅助工具，也学习朱子学派的儒教。禅寺之中，特别是临济宗的五山寺院，成为可以学习朱子学知识的地方。

尽管《太平记》的作者是谁至今仍不明确，但是当时的公家日记中，可以看到写着“小岛法师”的记载。在无数个和你妈妈本姓相同的“藤原先生”编排的日本历史中，“小岛君”一个人孤独地活跃着[①]。另有一说，认为这位小岛法师是在《太平记》中登场的儿岛高德的族人，或者说他就是小岛法师本人。

儿岛似乎是根据冈山县的地名而来的姓氏，仆还是小学生的时候，社会课的教科书里写着“儿岛湾的海埔新生地”[②]，结果常被同学取笑。

儿岛高德这个人因为献诗后醍醐天皇而闻名[③]。他和

① 本书作者也姓小岛，因此这里应该是开玩笑的意思。

② “儿岛”与“小岛”的发音相同。

③ **儿岛高德献诗：**根据《太平记》的记载，后醍醐天皇被流放到隐岐的途中，儿岛高德想去救他却没有成功，于是在他经过的樱花树下削下树皮，写了两句汉诗：“天莫空勾践，时非无范蠡。”

前文介绍的楠木正成一样，都被视为忠臣。他也是“二战”前的学校教育中，必定会提到的名人，文部省也有《儿岛高德》唱游歌曲。

虽然不清楚是儿岛高德还是其他人，但假如《太平记》是小岛法师所著，那就正如传闻，是由僧侣所写的了。而且总觉得这个僧侣似乎与五山有所关联。不管是儿岛高德的行为模式也好，或是前文介绍的楠木父子樱井驿诀别也好，《太平记》充满了仁义道德的味道。结果父亲楠木正成的遗言“以身为南朝的忠臣而死就是对我尽孝”实现了，楠木正行后来也战死了。这也可以算是仁义道德会吃人的例子吧！

说起来，《太平记》是非常具有讽刺性的书名。因为南北朝正是战乱不断的时代，与其说书名显示了故事的内容，不如说表达了作者的愿望吧！如同儿岛高德、楠木正行父子遵从仁义道德而行这件事，是作者的愿望，所以才创作《太平记》。因为当时，实际发生的情况正是“下犯上”。

“以下犯上”动摇了原有的身份和秩序，贫贱者威胁到尊贵者的时候，就称为“下犯上”。虽说是名门，但不过是一介御家人的足利尊氏，成为朝廷的高官，甚至拥立傀儡天皇，成为征夷大将军，这就是非常严重的“下犯上”。而且只是足利尊氏家臣的高师直[①]，竟然卖弄让公家们畏

① **高师直（？—1351）**：镰仓时代后期至南北朝时代的名将。1338年，足利尊氏就任征夷大将军，开创室町幕府，高师直成为将军家的执事，得到巨大权力。

惧的权势，也是一种“下犯上”。

足利义满结束了南北朝的分裂局面，确立幕府内部将军的权威，亲自担任太政大臣[①]，前所未见地登上了公家社会的顶点，想要克服“下犯上”的看法。我们可以从金阁寺所象征的豪华绚烂的北山文化[②]看出，这意味着政治秩序再度恢复安定，新的世界似乎正要开启。然而在他死后，继任的第四代将军足利义持和幕府骨干们，否定了他的部分路线。虽然第六代将军足利义教再次以足利义满为目标，努力成为专制当权者，但在大名赤松氏的家中被刺杀了。

足利义教的儿子、第八代将军足利义政，以东山文化[③]的主导者而闻名。相对于北山文化，东山文化所展开的是奥妙闲静的世界。他在家中面对妻子日野富子，好像也是抬不起头的“下克上”状态。因为接班人的问题，细川胜元与山名持丰这两位大名发生了势力之争，最终导致了应

---

① **太政大臣**：日本律令制度下的最高官位，位居太政官四大长官之首（太政大臣、左大臣、右大臣、内大臣），位阶相当于正一位或从一位。一般认为随着摄政和关白的出现，太政大臣逐步成为一种“荣衔”。在摄关政治时代，有不少权臣只是以“左大臣”的身份就任摄政和关白（如藤原道长），甚至以无官衔的身份出任关白（如晚年的藤原赖通）。

② **北山文化**：14世纪末至15世纪前半叶，室町时代初期的文化。以三代将军足利义满位于京都北山的鹿苑寺金阁为象征，以融合传统的公家文化、新兴的武家文化并受到禅宗的影响为最大特点。

③ **东山文化**：室町时代中期的文化，以足利义政在京都东山的山庄为中心。京都的慈照寺银阁是东山文化的代表建筑。相对于贵族的北山文化，东山文化将文学、诗歌、绘画等艺术渗透到民间。

仁之乱[①]的爆发。

这是自保元之乱以来，反复多次的以京都为舞台的战争中规模最大的一场乱事。前文也曾提到，很多僧侣和公家因为不喜欢荒废的京都，所以下乡来到地方，在各地扎下了风雅文化的根基。尽管这场乱事是京都的幕府权力失势的契机，不过或许正是因为这场乱事，使整个日本列岛诞生了一致的“日本文化”。日本各地的寺院和宅第，都仿照足利义政所建造的慈照寺（银阁寺）的东求堂同仁斋的书院造型，设置了附有壁龛的房间。在这个空间里，行茶道、赏玩壁龛里装饰的书画藏品（中国传来的“唐物”特别受到珍爱）之余，有时候会进行一些没有特定主题的闲聊，当然也会在这里召开极为重要的政治会面。政治上的事宜不是在议会或是正规的官厅里商定的，而是在料亭等餐厅的密室里展开的密谈中确定的。这种日本的“传统”，或许就是从这个时候开始产生的。

学者内藤湖南在近百年前的“关于应仁之乱”的演讲中，以此为标志把日本史大略一分为二。他用这种方式，

---

① **应仁之乱**：室町幕府第八代将军足利义政早年无子。1464年，以弟弟足利义视为继嗣，细川胜元为保护人。次年，其子足利义尚出生，山名持丰为保护人。围绕二者，爆发了激烈的争夺继嗣地位的斗争。以细川胜元和山名持丰的对立为中心，中央与地方的势力分裂日趋激化。1467年（应仁元年），双方各自调集援军进入京都，战乱由京都波及地方。1477年，双方议和，战乱基本结束。应仁之乱后，幕府将军、守护大名和庄园领主贵族的力量更加衰弱，日本进入了新兴的战国大名割据混战的战国时代。

评价了这场战争。由于应仁之乱，与当代相连的历史开启了。相比之下，过去的事件让人觉得好像是外国的历史了。

说起来如今京都的街道，与恒武天皇时的都市规划完全不同。由于应仁之乱使城市被全部烧毁，丰臣秀吉时期的规划重建才成为现在京都的基础。这时的主角，不是公家，也不是武士，而是被称为“町众”的工商业者。与欧洲近代史上的资产阶级（bourgeoisie）不同，他们虽然没有掌握政治上的权力，但他们拥有一定的自治权，同时财力雄厚，因此有能力成为支撑并动摇武家政权的势力。赖山阳之辈的仁义道德史观所没有写到的是，历史的真正动力其实掌握在这些人的手里。这与怨灵在背后操纵的古代史不同——当然这意思是每个人可以相信自己所畏惧的东西——是极为世俗的世界。近世的黎明即将到来。

♣8　战国大名的军师养成学校

从应仁之乱到织田信长[①]登场的百年间，被特别称为“战国时代”。这个时代拥有历史小说和电视剧一般的背景，有许多活跃的武将，而且还是以全国规模的格局展开。过去只以奈良、京都与镰仓为背景的日本史，在这个时期一口气全国化了。

---

① **织田信长（1534—1582）**：活跃于日本战国及安土桃山时代的大名，“日本战国三英杰”之一。因1560年在桶狭间击破今川义元的大军而名震日本，1568年拥立足利义昭为第15代将军并开始上洛，逐渐控制京都。后足利义昭与织田信长的对立逐渐升级，号召各地大名组成了“信长包围网”。1573年武田信玄病死后，织田信长击败足利义昭，室町时代终结，“信长包围网”瓦解。1576年，以上杉谦信为首，再次形成反织田信长同盟。随着1578年上杉谦信的突然去世，“信长包围网”再次崩溃。自1581年起，织田信长迎来了自己的全盛期。1582年，灭亡甲斐的武田氏；在准备出兵远征毛利而前往京都，逗留京都本能寺，遭到心腹家臣明智光秀突袭而自杀。

所谓“大名”，是相对于“小名”而来的。“名”与后世所用的“名主”一词意思相同，指的是土地的领主。规模小的称为“小名”，规模大的就称为“大名”。室町幕府沿袭镰仓幕府，在律令时代的每个“国”设置了守护之职，所以有了“守护大名”的官职。守护大多留在京都辅佐将军政务，而在各个国中实际执行守护工作的是他们的家臣，或是当地原住民中拥有势力的人（国人）。由于应仁之乱造成各地对京都的向心力减弱，这些守护大名、守护代、国人们自立的倾向日益增强。这造成了所谓的群雄割据。因为该时期与中国的战国时代有相似之处，所以不知道从什么时候开始（大概是江户时代吧），也被称为“战国时代”，所以此时的大名，也被特别地称为“战国大名”。

受到小说和电视剧的不良影响，大家对战国的印象可能是经常发生战乱、完全无法喘息的时代，所以常会以“乱世”来形容吧！不过，那是基于江户时代过着和平生活的人们的观点所产生的历史观；仆认为，战国时代的人自己并没有切身地感受到乱世。所以仆希望，至少历史剧中登场的人物，不要再说“希望早早结束这个战国乱世”这种台词了。这会让人觉得，希望“这场战争早点结束”似乎变成了普通大众的期望。因为除了部分的政治家和学者，大多数的民众与军队一样发誓，坚信“圣战完成”。如果是这样，都是因为受到“仁义道德”教育的欺骗。

战国时代的人，因为不可能知晓后来织田信长的出现及江户时代的幕藩体制，即使自己所生存的“当下”发生异常的情况，他们也还不会察觉。即使室町幕府的权威丧失，但因为谁也描绘不出应该用何种政治模式替代它，是让幕府再次取回势力？或是让原本的状态在眼前一直持续下去？仆认为，无法只用任何一种方式思考。所以战国大名们如居民所愿，以自己领国的安定为首要目的；同时，偶尔插手中央政治，以显示前往京都（“上洛”[①]）的意愿，谁也没有想到“统一天下”的事。要说战国大名们都有统一天下的野心，应该是赖山阳老师的任意揣测，只不过这又影响了近现代的小说家们的创作吧！

例如上杉谦信与武田信玄，几度在川中岛争斗，并不是为了统一天下的布局，单纯只是围绕长野县北部的当地战役。亲上杉谦信的山阳老师，吟咏着“鞭声肃肃过夜河”的诗句，在《日本外史》中进行了生动的描写，还用了非常有趣的修饰；然而从日本史整体的角度看，其实这场对战并不是重要的战役。不过《日本外史》不愧是名作，所以普通公众对这场战役也是耳熟能详吧！川中岛合战[②]在日本史的教科书里也有记载（S老师，在改订的时候，

---

① **上洛**：在日本明治维新之前，战国大名进入京都的行动被称为“上洛”，以证明自己拥有称霸天下的实力。上洛是诸如武田信玄等战国大名追求的目标，如同中国春秋时期的“问鼎中原”。平安京（京都）最初被分成东西两部分，东侧的“左京”被称为“洛阳”，西侧的“右京”被称为“长安”。后来右京衰败荒废，只留下左京，因此京都别称“洛阳”（rakuyo）。“上洛”一词便来源于此。

② **川中岛合战**：日本战国时代甲斐国大名武田信玄与越后国大名上杉谦信之间，在北信浓川中岛地区进行五次大小战役的总称，包括1553年的布施之战、1555年的犀川之战、1557年的上野原之战、1561年的八幡原之战、1564年的盐崎之对阵。

请删掉这里吧！尽管那是我们小岛家的祖先们大为活跃的战争）。

从这点来看，在一般战国大名当中，属于异类的应该就是织田信长了吧！只要提到与他相关的事情，了如指掌的人在这世间真是比比皆是，所以不能乱说话。不过他的一系列措施，已经超过了过去战国大名的架构，是以“天下”为目标的。尽管不清楚究竟他是从何时开始有了这样的志向，但常常被提到的是，他将据点更名为岐阜时，开始使用“天下布武”印。而岐阜地区的命名，也是因为倾慕中国的故事中，周朝的发祥地是岐山的缘故。

在小说和历史剧的创作中，类似的理念都是织田信长本人的创想，或是来自还没成为“天下人”的木下藤吉郎（后来的丰臣秀吉），但是实际上，应该是真正担任政治顾问的智囊在积极献策。镰仓时代以来，武家政权的智囊团是公家或僧侣。因为武士大多不识汉字，因此他们无法通晓中国的典籍并谈论天下国家大事。用本书中相当熟悉的比喻来说，就像在现今的政府中工作的政治、经济领域的专家（官僚或学者），如果读不懂英语文献就无法担任这个工作。所以，大臣（大名）自己不识字也没关系。

不过织田信长应该多少有一些汉文素养吧，丰臣秀吉也靠刻苦勤读而学会了，他们的老师可能是僧侣。事实上，织田信长少年时代的家教就是名为泽彦宗恩的僧侣，岐阜的命名也是他的提议。壮观的战争，成为非常具有战国时代风情的场景，但大名们要治理领地，还是需要拥有实实在在的政治经济知识。

不仅是日常的政治，一旦与邻国的大名爆发战争，也需要这样的人才，例如，如何选择对己方有利的日子，解读对战地点的地势和气象等；只会舞刀弄枪而没有其他才能的人是成不了大事的。僧侣也会随军出征，他们就是被称为“军师”的人。

所谓“军师”，例如武田信玄的军师山本勘助，由于他是NHK大河剧的主角而变得广为人知，但其实有观点认为他是虚构的人物。就算这个人真实存在，也与《太平记》里的楠木正成一样，被传写得非常夸张了。恐怕连武田军的军师也是禅宗寺院里的僧侣吧！

事实上，当时在各地的战国大名身边，确实有以培养军师人才为目的的学校，即栃木县的足利学校。没错，就像其地名显示的，那是将军家的出生地。不过这不是将军亲自设立的学校，而是关东管领[①]上杉宪实在15世纪中叶，也就是应仁之乱期间，扩大并整理原有的资源而重新振兴的。这里的教授群几乎都是禅宗的僧侣，学生也是僧侣。这里与五山附设的教育场所的根本不同之处在于，足利学校传授的是以兵学和易学为主的实用学科。兵学，即军事，而易学则是占卜术、气象学等自然科学。学会这些知识，学生们就可以到各地的大名家就职。例如“风林火山”典故的来源《孙子兵法》，也是这所学校的主要教材。

想必织田信长的身边也有这样的军师，如“岐阜”或“天下布武”的提法，被认为展现了源自中国的学识。在这其

---

① **关东管领**：室町幕府设置的官名，由上杉家世袭。

中，至今其他战国大名还没想到的，应该是可以创建出新秩序架构的人才吧！当然，这不仅依靠个人的能力，也可能是团体的方式。

取代室町幕府的新秩序，随着织田信长的京都行，开始启动。

♣9 “转调”之法

以织田信长麾下武将们的妻子为主角的小说和戏剧，呈现出上班族出人头地故事的腔调。实际上丰臣秀吉[①]也

---

①丰臣秀吉（1537—1598）：日本战国、安土桃山时代的大名，“日本战国三英杰”之一。原名木下藤吉郎，出生于贫苦农家。1554年，投奔当时尾张的领主织田信长，从底层的仆役做起。1573年，因军功受封近江国今滨城城主，开始跻身战国群雄之列，改姓羽柴。1582年织田信长死后，实行“中国大返还”，大败明智光秀；在取得织田多数旧臣支持的同时，开始与柴田胜家敌对。1583年，贱岳合战大败柴田胜家，在石山本愿寺的旧址上建大阪城，并以此为居城。1585年，认近卫前久为义父，得到“近卫”姓氏，就任关白，赐姓“丰臣”。1586年，德川家康臣服，就任太政大臣（平民出身者第一人）。1589—1590年，灭后北条氏，基本上统一日本。1591年，将关白之位让给外甥丰臣秀次，自称太阁。统一日本后，丰臣秀吉试图建立一个包括日本、中国、印度、朝鲜在内的亚洲大帝国。于是在1592年率兵20万入侵朝鲜。此战日本称为“文禄庆长之役”，朝鲜称“壬辰卫国战争”，中国称“万历朝鲜战争”。1598年，病逝于伏见城。

好，前田利家[1]也好，或是山内一丰[2]也罢，他们为织田信长工作，被这个一人独大的社长记住并获得提拔，迈向出人头地之路；在视同事为对手的竞争中，不断赢过一个又一个对手，最后成为大名，人生以成为分公司社长为结局。在这背后有妻子支持，也正是现代社会的上班族家庭的写照。

史实是否真如那样，是个很大的疑问，但是为了便于当代的人理解，所以就用了自我投射、更容易产生共鸣的介绍方法。实际上，虽然那是“尽取敌人首级”的世界，却可以把话说得很好听，描绘出与源平合战时代完全不同的武士生活方式，但这可以说是织田信长军团的特征

---

① **前田利家（1539—1599）**：日本战国、安土桃山时代的武将，丰臣政权下五大老之一。1551年，入织田信长麾下，在桶狭间合战、美浓进攻时作战勇猛。1569年，继承前田家督之位。1575年，协助柴田胜家经略北陆。1582年本能寺之变后，站在柴田胜家一方。在1583年的贱岳合战中出阵，但没有参加战斗。柴田胜家兵败自杀后，前田利家改仕丰臣秀吉，领加贺、能登两国，成为其身边重臣。1598年丰臣秀吉死后，五大老、五奉行之间开始分裂为以石田三成为首的文臣派与以德川家康为首的武将派，矛盾尖锐。为此，前田利家经常居中调停。1599年，病逝于大坂城。

② **山内一丰（1545—1605）**：日本战国、安土桃山时代和江户时代初期的武将，第一代土佐藩藩主。1568年，成为木下秀吉的家臣。因军功卓著，曾受织田信长嘉奖，也逐渐成为丰臣秀吉心腹爱将。1585年，跻身万石的大名行列。丰臣秀吉死后，石田三成与德川家康的斗争日趋白热化。征战中，山内一丰因其妻的“笠の绪の文”而得宠于德川家康。后入主土佐国，建高知城，将其发展成为南方重镇。1605年，病逝于高知城。

吧（到此的内容，请参阅仆与“宁案”的其他成员一同创作的《从义经到一丰：展开大河剧的海域》，勉诚出版社，2006年）。

仆认为，之所以形成这种军团特征，关键是“转调”。定居性是过去武士的特质，平安时代形成武士集团的原因，在于需要用武器守护自己的耕地。正因为如此，才能成为强大的支柱，变成将军的御家人。到了室町幕府，世世代代身为足利家家臣的武士们，以及在南北朝乱世中帮助足利尊氏的人，占据了守护大名的地位，也把土地当作赏赐送给其他家臣。对战国大名而言，这样不断扩大规模的武士集团（国人），其权威并不是来自将军，而是依靠大名本身的权力所统治的集团。但直到这个时候，武士集团的定居性还是很强的，例如在上杉谦信上洛时，他所带的家臣们都想早点回到新潟。

此外，丰臣秀吉、前田利家、山内一丰等人，各自得到了与出生地（他们全都来自爱知县）毫无关系的地区作为领地，随着后来的不断升迁还被转封到其他领地。不仅是他们，织田信长麾下最早出人头地的明智光秀[①]和柴田

① **明智光秀（1528—1582）**：日本战国时代名将。早期出仕斋藤道三，后逃亡到越前的朝仓家。1568年再度出走，路遇足利义昭，并投靠织田信长。后足利义昭与织田信长决裂，明智光秀则跟随织田信长，成为他的家臣。1571年，被分封到近江国滋贺郡，并筑起坂本城。1582年，以奉命援助羽柴秀吉的名义出兵，中途变道，率军包围织田信长，发动本能寺之变。在山崎遭遇听闻消息立刻率军返回畿内的羽柴秀吉，随即展开决战，明智光秀兵败身死。其短命的政权被人称为“三日天下”。

胜家[①]也是一样，他们手下的家臣们也开始跟随大将的攻略而转调日本各地。而其他的战国大名只有在发生战争的时候才会集合家臣，战争结束后，便让他们各自返乡；但织田信长军团不同，其方式是让各师团长将所统率的部下集合起来，就像把分店的人事权交给分店长，将这作为提高企业整体营业额的方式。“上班族”们从分店的小店员做到分店长，再以成为总公司的重要干部为成功的目标，与同事互相竞争。这实在是非常巧妙的做法，因此，织田信长的势力范围急速地扩张。

他的领土与其他的战国大名的“国界线”，如北边的上杉谦信，东边的武田信玄[②]、北条氏政[③]，西边的毛利辉

---

① **柴田胜家（1522—1583）**：日本战国时期名将，尾张织田家的谱代重臣、家老。早年曾一度支持织田信长之弟织田信行叛乱，后投靠织田信长，成为其家臣团的领袖。娶织田信长之妹市姬（阿市），并被任命为北陆探题，与上杉家争夺势力范围。本能寺之变后，与丰臣秀吉矛盾激化，在贱岳之战失败后退回居城，与妻子家臣一同自尽身亡，留下辞世之句：“夏梦无常一世名，杜鹃凄鸣上云霄。”（夏の夜の　夢路はかなき　後の名を　雲井にあげよ　山ほととぎす）

② **武田信玄（1521—1573）**：日本战国时代的大名，人称“甲斐之虎”，与“越后之龙”上杉谦信、“相模之狮”北条氏康齐名。所举“风林火山”（其疾如风，其徐如林，侵掠如火，不动如山）之军旗，语出《孙子兵法》，成为武田军的象征。1541年，流放父亲武田信虎，夺取了家督之位。1553年，击败村上义清与小笠原长时，几乎称霸整个信浓地区。1554年，与骏河今川家、相模北条家建立姻亲关系，日本东部三大强国之间的同盟正式缔结。自1553年始，与上杉谦信在川中岛地区进行了持续时间长达10年的五次会战。1572年，应将军足利义昭之请，起兵上洛，讨伐织田信长，以获取天皇册封，号令天下。途中与德川织田联军爆发三方原合战，联军崩溃。后武田信玄突发疾病，1573年病逝。

③ **北条氏政（1538—1590）**：日本战国及安土桃山时代（接下页）

元[①]，由织田信长信任的师团长们常驻。他们虽然也有领地，但是为了征战的事业，几乎没有时间待在自己的领地内。因此，那些家臣可以分为属于军团、在前线作战的人，以及待在本国、实际控制管理的人。

身份比他们低下的人也是一样，分为军团的士兵与务农者。为了向经常配驻在国界线的数万军队提供食物并补给武器弹药，所以必须确实作好后勤管理。战场上需要勇猛善战的武士，而在经营领地方面有优异才能的人才也开始受到重视。年轻时期的丰臣秀吉，就是这种典型。与镰仓时代的御家人相比，不同性格的人，都在织田信长军团

（接上页）关东地区的大名，北条氏康之子。1559年由其父手中接任家督之位，但实权仍然由父亲掌握。1568年，与武田信玄对立，此前订立的同盟瓦解。1571年北条氏康去世，他完全掌握实权，派遣其弟北条三郎（即上杉景虎）前往越后，成为上杉谦信的养子。北条与武田之间达成第二次甲相同盟，同时放弃了与上杉的越相同盟。在上杉家内御馆之乱中，上杉景虎失败身死，致使武田与北条之间同盟破灭，北条改为与织田同盟。1580年，将家督让渡给北条氏直，但仍然控制家中大权。在小田原征伐进行前，筑起了北条氏自建立以来最大版图。1589年，丰臣秀吉征讨北条氏，死守数月，最终开城投降，切腹自尽。

① **毛利辉元（1553—1625）**：日本安土桃山及江户时代前期的大名，丰臣五大老之一，长州藩第一代藩主。亲政之后，加入足利义昭号召的“信长包围网”，与织田信长对抗。自1570年始，毛利一直干预织田信长对位于摄津国的宗教势力（一向宗）石山本愿寺的围攻，爆发了两次木津川口之战。1580年，随着本愿寺向织田信长投降，石山战争结束。1582年，羽柴秀吉全军包围了备中的高松城。由于突发本能寺之变，羽柴秀吉与毛利家迅速议和。此后，他积极协助丰臣秀吉，在四国征伐、在朝鲜之役担当先锋。丰臣秀吉死后，在关原合战中接受了石田三成的邀请，担任了西军的总大将。战败后，剃发称幻庵宗瑞，由长子毛利秀就继任家督。1623年，正式隐居。

里受到重用。

本能寺之变织田信长死后，丰臣秀吉以其实力成为织田信长的后继者。同时，他也坚持并发扬了织田信长的作风。不仅是直属的家臣，对于成为其附属的诸大名，也采用让他们离开原定居领国的政策。在北条氏灭亡之后，德川家康被要求移往原属北条氏的关东领地，把他与原领地爱知县分开。

上杉景胜[①]（谦信的养子）也被命令从越后（新潟县）移到福岛县的会津地区。此时，有一名家臣提出反对意见，他说："我们上杉家强盛的秘密，正是因为扎根于越后这片土地。如果去了会津，就会失去与这片土地的人们的联系，重要的部分会逐渐被抽掉。我坚决反对这次移转，如果主公要去会津，那我就留在越后。"于是，他放弃武士身份成为专职的农民，走过江户时代，一直以农家为业。这个潇洒的家臣，正是我们小岛家的祖先小岛弥太郎。本家的家谱里记载了这件事，至于是真是假就不得而知了。

根据这项被称为"转封"的政策，有势力的战国大名

---

① **上杉景胜（1556—1623）**：日本战国、安土桃山及江户时代的大名。原名长尾显景，是上杉谦信的外甥。1564年父亲长尾政景死后，成为上杉谦信的养子。1578年，御馆之乱爆发，与上杉景虎争夺家督之位。同时与武田氏联姻，缔结"甲越同盟"。1580年，打败上杉景虎。1582年，由于织田信长的大举压制，使自上杉谦信时期以来所扩大的国力大幅衰退。本能寺之变后，转而追随丰臣秀吉。1595年，接替因病隐居的小早川隆景，成为"丰臣五大老"之一。在关原之战中归属西军（石田三成一方），后来西军败北，其领地被移封至本为其家臣的直江兼续的领地米泽城，成为米泽藩。1623年病逝。

们与世居领地的社会间的密切关系被断绝了，如同弥太郎所预言的，被抽掉了重要的部分。另外，包括身份低下的武士在内，全部被集中在城下町，农村只有农民居住。这就是兵农分离。因此，与江户时代的幕藩体制相连的社会于焉形成。

有句话说：“由织田捣米，羽柴（丰臣）捏制的名为天下的麻糬，坐享其成的是德川。”德川家康虽然并不是简简单单就成为“天下人”，但如果要说到社会的架构，由织田信长（的智囊们）建立的计划，通过丰臣秀吉的落实发展，最后德川家康活用它建立了江户幕府，这种看法才是正确的吧！

持续500年的中世结束，开始转向近世社会。

♣10 佛教寺院与天皇的势力

织田信长与丰臣秀吉在创造近世社会时需要打倒的对手，并不仅是其他大名，而是自古代以来，成为日本社会秩序的核心、跨越中世持续存在的两股势力：一个是佛教寺院，另一个是天皇。

像延历寺和东大寺那样规模庞大的寺院，在全国各地还拥有一系列的中小型寺院，并建有广大的庄园。此外，他们也深入工商业活动，获取利益。如同本书中多次强调的，那已经不单纯是现代意义里的宗教，而是在政治、经济、社会、文化等各方面都扮演着重要的角色。

到了室町时代，除了禅宗寺院把势力渗透进幕府之外，净土宗体系和日莲宗也有自己的影响力。所以，从真正的意义上来看，认为镰仓佛教是在室町时代才在社会上扎根的见解是非常有力的。其中，一向宗（净土真宗）出现了莲如这号人物，推动并扩大了教团的组织化。一向宗的根据地是大坂[①]的石山本愿寺[②]，是与织田信长经历了长期战争的对手。本愿寺除了由门徒组织的一向一揆[③]，也与毛利氏等战国大名以及根来众[④]等当地的国人势力共同合作，对抗织田信长。有观点认为，对织田信长而言，最大的敌人不是武田信玄，也不是上杉谦信，更不是招致火攻的比叡山延历寺，而是本愿寺，所以他们的对立战争是很重要的部分。如果本愿寺一方胜利了，那么日本的近世社会应该会呈现出与当代完全不同的样貌吧！

本愿寺渐渐被逼到走投无路的境地，最后以退出大坂为条件，与织田信长讲和。担任双方调解人的，正是天皇。虽然这是事实，但并不是出自天皇本人的意愿，是出于织

① 大坂即今日的大阪，明治维新时由于忌于“坂”字可拆为“士反”，有“武士造反”之讳，所以于1870年（明治三年）更名为“大阪”。

② **石山本愿寺：**原称山科本愿寺，由莲如于1483年在京都山科建立，属于日本佛教净土真宗，后迁移至当时的摄津国石山，改称“石山本愿寺”。该寺聚集了为数众多、向心力极强的武装一向宗门徒（以农民为主，加上僧侣、国人武士）。经过莲如的整顿和发扬，成为组织严密的宗教团体，门徒们认为与“佛敌”交战而殉道身死，更能通往西方极乐世界，于是他们作战英勇无畏。而寺中领袖则利用众多的子女，与各地的战国大名广结姻亲，手握政治经济权力。且该寺位于通往京都的要道上，战略地位重要，逐渐发展为庞大的宗教势力。石山本愿寺在“信长包围网”的战略架构中，是重要的一员。自1570年始，经历了长达10年的石山合战，最终织田信长火烧石山本愿寺。1591年，丰臣秀吉捐地，重建现在的京都本愿寺（即西本愿寺）。

③ **一向一揆：**一向宗门徒所发动的起义，反对各地守护的在地统治，旨在建立佛教国家。1488年，一向一揆杀死加贺国的大名富樫政亲，加贺成为一个独立于幕府的“宗教王国”。

④ **根来众：**以根来寺的武装僧侣为主的军队。

田信长一方的期望，所以才这么做。毕竟天皇还是对这些宗教团体拥有不容置喙的权力与权威，可以对他们发号施令。

仅从这件事来看，对以统一天下为目标的织田信长和丰臣秀吉而言，该如何处理天皇就成为另一个很重要的问题。织田信长的父亲织田信秀统治爱知县时，为了扩大自己的势力，在京都以贡品讨天皇和公家的欢心，以便利用他们的权威。因此，根据赖山阳老师给予的评价，织田家身为大名，值得称赞的是他具备尊王思想。后世承继了这个看法，即使到了明治时代，对织田信长的评价仍旧高于德川家康。

不仅是织田家，很多战国大名也是这么做。足利将军家的地位由于应仁之乱而没落，大名们为了获得权力，于是将天皇推上前台。换言之，与其说大名们是将军的臣下，不如说已经表现出作为天皇直属臣下的自觉了。然而，毕竟他们的目的只是为了被赋予权力，所以赖山阳所说的尊王思想，在当时是绝对没有流行的。他们不是真心相信“仁义道德”，而只是在政治上加以利用而已吧！前文中仆曾经提到的“中世人的厉害”，就是这个意思。

总之，由于织田信长从父亲那代就开始与天皇建立联系，所以在他拥立将军足利义昭、成为京都的实际控制者时，似乎很受公家们的欢迎。并且，他把这类的事情交给了为人机敏的丰臣秀吉和通晓礼仪的明智光秀，所以天皇及其周边的人，比起足利义昭，他们还是更为信任织田信长。而实际上的军事经济大权，都在织田信长手中，足利义昭不过是傀儡罢了。

因此，即便1573年织田信长将足利义昭从京都放逐，也没有引起特别大的波澜。此外，教科书中以“室町幕府的灭亡”为题提到此事时，足利义昭在被放逐后，也还是继续自称征夷大将军。因为在室町时代的历史上也发生过几次将军被掌握实权的大名从京都放逐地方的先例，当时的足利义昭应该还是在想着“有朝一日自己还能回去”吧！他投靠毛利辉元，一边在濑户内海的风景名胜鞆之浦流浪，一边与反织田信长派往来。后来毛利辉元归顺丰臣秀吉，足利义昭也回到了京都。另有一说，想要成为征夷大将军的丰臣秀吉，向他提出“让我当你的养子”，却被他以“我们足利家的姓氏怎可以让只是平民百姓的人来污染”为由拒绝了。

织田信长放逐足利义昭之后，胁迫天皇任命自己为右大臣，但那也只是形式上的，实际上他不是尊王家吧！降伏本愿寺、灭掉其他战国大名之后，最后他打算如何处置天皇，却因为发生了本能寺之变而成了永远的谜。不过，有看法认为，正因为织田信长考虑有所行动而引发了本能寺之变；自古以来亦有一些有力的看法认为，本能寺之变不是明智光秀的个人行为，仆也被这种说法吸引（在其他合适的时机，可能会披露一己之见，敬请期待）。

接着谈到丰臣秀吉，从前面的轶事也可以知道，他似乎很喜欢自古以来的权威。一般评价认为，他的出身所带来的自卑感造成了很大的影响。所以他以藤原氏嫡系之一的近卫家养子“藤原秀吉”的名义，成为关白[①]。不久在天皇的特别命令下，赐姓“丰臣”而有了新的姓名。“关白”一职不是任何人都可以担任的，就任者只能出身于被称为“五摄家”的藤原氏嫡系的五个家族（近卫、鹰司、九条、一条、二条）。所以即使是足利义满，也不能成为摄政[②]或是关白。丰臣家的创设，是10世纪诞生摄关制度以来的重大变革。另外，从关白退下的人，一般称为“太阁”，所以在历史上太阁有十几人，这并不是丰臣秀吉独有的称号。

最后闲谈一下，一般我们都会说“丰臣秀吉”，但若以此为例，也就得说“平信长”“源家康”才对。不只是他们，以最近出现的人名为例，就要称“源义昭”（足利义昭）、“源晴信”（武田信玄）、“藤原辉虎”（上杉谦信；若在长尾景虎时代，则称为“平景虎”）。相反地，如果使用“织田信长”“德川家康”的叫法，则到秀吉死之前，应该是要称他为“羽柴秀吉”才对。源、平、丰臣是“姓”（贵族的氏族名），织田、德川、羽柴则是“氏”（家族名）。在现代的日语中，“姓”与“氏”是一样的意思，但是历史上的“姓”与“氏”并不一样。你出生的时候，我们所

---

① **关白**：日本官职名。天皇长大成人后，全面辅佐政治之人。藤原基经是第一位关白，11世纪藤原道长及其子藤原赖通就任时关白势力最盛。院政时代之后，关白逐渐失其作用。“五摄家”之外，仅有丰臣秀吉与丰臣秀次担任了关白之职。

② **摄政**：因天皇年幼或病弱，代掌政治的官职。摄政与关白独掌政权的政治制度即为摄关政治。

居住的德岛市内主君们的墓地上立着的石碑，上面刻着“以源为姓，以蜂须贺为氏”的字样（原文为汉文）。[①]不过，爱知县的无赖头头蜂须贺小六[②]，如果是将军足利家的亲戚源氏，实在太过突然而令人难以置信吧！

---

① **姓氏：**作者此处使用“姓”（せい）与“氏”（し）两个汉字。前者是氏族名，亦可称为“氏”（发音为うじ）。原指古代统治阶层的贵族，这些贵族依其职务、领地、居住地等命名，即为“氏名”，如（接下页）（接上页）源氏、平氏、藤原氏等。地方的中小贵族及平民不能拥有“姓”。后者是指家族名，即现今所称的姓氏，又称“苗字”（みょうじ），是一个家族从氏族本家分离出去后，以其职业、官职或是居住地等称呼的新姓氏。

② **蜂须贺小六：**又名蜂须贺正胜，后来改名彦右卫门，是丰臣秀吉的首席家老。

♣J 新外交关系与“日本国家的样貌”

太阁“羽柴秀吉”去世时，留下的遗孤丰臣秀赖还是个幼儿，所以无法马上如预期一样当上关白。但他要成为“天下人”的继任者，必须得到附属于丰臣秀吉的大名们的一致同意。问题在于，谁来当他的辅佐者“后见人”、也就是实际上的“天下人”呢？这时德川家康与石田三成的对立，引发了关原之战[①]。

---

① **关原之战：**日本安土桃山时代末期（1600年）发生于美浓国关原地区的一场战役，交战双方为德川家康率领的东军与石田三成等组成的西军。由于西军将领小早川秀秋的临阵倒戈，这场战争在一天内即分出了胜负，德川家康获胜。然而，从广义来说，战事蔓延至日本全境，双方均动员了超过十万兵力投入战斗，多数大名各自表述了自己的立场，从出兵到撤退持续了三个多月的时间，可谓自应仁之乱以来全日本最大规模的内战。此役奠定了德川家康夺取全日本统治权的基础，也是日本史上最重要的战役之一。

不过，这里如果要用“仁义道德”来分析，因为石田三成的身份低于德川家康，所以他将自己集团里的统帅位置让给毛利辉元，因此关原西军形式上的统帅，是据守大坂城的毛利辉元才对。这也导致了战后毛利家直接面临着被灭亡的危机。于是，之前就与德川家康暗中联系的毛利一族的吉川广家[①]，以自己的功劳抵销毛利辉元的罪责，总算取得德川家康的许可，保全了长州藩——说这里是19世纪中叶讨幕运动与明治维新的中心也不为过。“那时候如果终究灭掉他们就好了。”

关原西军中还有另一支军队，一直在观察战况而没有动静，直到因为不断出现背叛者，西军逐渐显现出败北的趋势之时，才突破东军的阵地，脱离战场，那就是萨摩的岛津家。另有一说，德川家康内心认为岛津家勇猛果敢，如果要击败他们，不知道会遭受多大的抵抗，所以尽管他们是西军的人马，也几乎没有给予任何责难就放过了他们。不仅如此，还顺应了岛津家的期望，也认同了岛津对琉球的出兵与控制。萨摩之所以强大，就是这个缘故。“啊！还是应该连这里也击败才对！”

---

① **吉川广家（1561—1625）**：日本战国、安土桃山及江户时代的大名。毛利元就之孙。在关原之战前，他认为天下已经倾向德川家康，与其对抗只会灭亡毛利家，激烈反对安国寺惠琼加入石田三成西军的主张。为了毛利家的安泰，他通过本多忠胜和井伊直政，向德川家康澄清毛利辉元与西军起兵无关，并与德川一方私下缔结“毛利家不参加战斗”的约定。后毛利辉元违反了不战约定，广家愿意以功赎罪，以保全毛利氏。吉川广家得到了原属于毛利辉元的岩国，毛利辉元转任长州藩主。

因为出现了琉球这个名字，这里简单地回顾一下吧！足利义满开始与明朝交易的时候，冲绳本岛上有三个国家[①]，各自向明朝朝贡并被认可为国王。1429年，其中的中山国成功统一了其他国家，琉球王国诞生了。琉球规模虽小，但在东亚的国际关系中，与朝鲜王国、安南王国（越南）、“日本王国”（室町幕府）是地位同等的。并且在这个架构中，它也与日本缔结了外交和贸易关系。

所以，琉球国家成立的根据是贸易。因而对琉球来说，以明朝为原点及核心的国际政治秩序，是不可或缺的。即使与日本的贸易，他们也不是直接到堺[②]或兵库[③]，而是通过萨摩的岛津家。

岛津家向丰臣秀吉屈服，后来还宣誓成为德川家康的臣属，眼睛盯着南边，计划着对琉球的控制。因此，1609年，岛津家发动了军事远征，使琉球向萨摩军投降；而萨摩的目的在于彻底掌握身为明朝朝贡国的琉球的贸易权利，所以尊重他们名义上的独立。琉球国王在江户时代德川将军世代交替时也派遣使节前往，相当于被迫对明朝（其灭亡后是清朝）的皇帝、岛津家、德川幕府这三个主人尽臣属之礼。

同样地，1609年，对马藩的宗氏成功修复与朝鲜的关系，之后在江户时代幕府与朝鲜王国以对等的立场，持续

① **冲绳三国：**山南、中山、山北三个国家。

② **堺：**位于大阪。

③ **兵库：**位于神户。

着外交关系。“修复关系”的意思当然是指丰臣秀吉攻打朝鲜的后续处理。德川家康与丰臣秀吉不同，不以对大陆进行军事进攻以获得财富和领土为目标，而是在当时东亚国际关系规则的大架构下，以和平贸易的方式获得利益。

对东南亚方面，则派遣朱印船[①]，频繁往来。此外，也致力于与西班牙、葡萄牙甚至是英国和荷兰发展友好关系。

在日本的北边国境地带，也开展前进虾夷亦即北海道的活动。1604年，松前氏得到德川家康的认可，与阿伊努人（Ainu）进行独占的贸易，在幕藩体制下，扩展了松前藩的势力。虽然1669年与沙牟奢允率领下的阿伊努人发生战争，但最终取得胜利，松前的商人甚至进入了虾夷内地。即便有着800年的时间差距，依旧发生了与在东北的阿弖流为事件一样的情况。

1600年的关原之战、1603年江户幕府的设置，这些事件所产生的联动效应，在日本周边形成了新的对外关系的架构。后来到了幕末，“日本”的样貌才固定下来。当初在东南亚，朱印船频繁往来；为了贯彻禁教令，也就是采取锁国政策[②]之后，一时之间盛况非凡的日本人

---

① **朱印船**：16世纪末到17世纪初，带着日本掌权者所核发的海外航行许可证（盖有朱印的文件）而得以到海外进行贸易的船只。

② **锁国政策**：日本江户时代德川幕府实行的外交政策。“锁国”一词由兰学者志筑忠雄在1801年提出。在安土桃山时代，有不少基督教的传教士来航日本传教，但是在江户幕府确立以后，将军开始颁布“禁教令”，与天主教的西班牙及葡萄牙断交。自1633年始，共颁（接下页）

町[①]也荒废了。取而代之的，是18世纪中国商人开始在这个区域进出，也就是现在被称为华侨华人的祖先。德川家康修正了丰臣秀吉采取的扩张政策，放弃了对朝鲜领土的野心，在南方的势力范围扩展到琉球，北边则推动与虾夷贸易，以此作为日本的统治范围，展现了构筑新社会秩序的方向。

（接上页）布五次锁国令，最终在1641年确立锁国制度。直到1854年美国海军军官佩里率舰叩关，锁国制度被打破。

① **日本人町**：历史上位于东亚（日本以外）和东南亚的日本人社区（尤其是商贸意义的定居点）。在锁国政策颁布后，日本人的海外旅行被禁止，甚至从海外回日本也同样被禁止。因此，日本人町逐渐衰落消失或被当地居民同化。

♣Q　锁国时代的中国印象

在锁国时代，原则上日本人是不能到外国去的。之所以说原则上，是因为也有例外的情况。

第一种例外是漂流民。搭上船之后，因为某些原因，船只漂流到中国、韩国，甚至更远的俄罗斯、美国，就像旧俄罗斯（大黑屋）光太夫①或是约翰（中滨）万次郎②，

---

① **大黑屋光太夫（1751—1828）**：江户时代后期以伊势国白子港（现三重县铃鹿市）为据点的船长。1782年，因为暴风雨，他的船漂流到俄罗斯，并在1791年受邀参加叶卡捷琳娜二世的茶会。1792年，由俄国军舰护送回到日本。

② **约翰万次郎（1827—1898）**：本名中滨万次郎。1841年与渔夫出海捕鱼时遭遇暴风雨，被美国捕鲸船所救。由于当时日本的锁国政策，美国船只无法靠岸，因此他便跟随美国船航行世界各地。后来到美国读书，学习英语、数学、测量、航海术、造船技术等。1851年，回到在萨摩藩控制下的琉球，并被送回日本。因其掌握的现代科技知识，受到了萨摩藩主岛津齐彬的重视，聘其为洋学堂的讲师，协助设计蒸汽船。

不过这些人并不想用这种方式出国。

另一种则是有计划前往外国的人，也就是在琉球和对马的外交相关人士。如前文所说，琉球国实质上是处在萨摩藩的控制下，而形式上则是向中国皇帝朝贡的独立国家。因此，每年照惯例搭船前往福建福州，而且还要派遣使节前往北京。另外，对马藩负责与朝鲜国的外交与通商，所以在韩国的釜山设有机构（其实，就在三天后，仆要第一次去对马，也打算到展示当时相关史料的博物馆参观）。

除了与琉球往来的福州、北京，与对马相通的釜山、汉城的联系，北海道的松前藩也通过阿伊努人与西伯利亚、俄罗斯建立联系。别忘了还有长崎。虽然我们很容易想到过去只有出岛①是目光的焦点，它担任了与荷兰贸易的港口，但实际上在与中国的关系方面，不论质或量，长崎的地位都非常重要。这里也有来自中国并定居此处的人，而且为了向这些人学习中文，也有许多来自日本全国各地的有志者到此。尽管不及过去五山文化时代②的中国热，但是在江户时代，通过这种方式的接触可说是不绝于途。

你知道“元禄文化”③这个词吧！在政治上持续了近

---

① **出岛**：日本江户时代幕府执行的锁国政策所建造的人工岛，荷兰在岛上设立贸易站。现今成为长崎市的一部分。

② **五山文化时代**：镰仓时代末期到室町时代，在五山派的禅宗寺院之间盛行的文化。

③ **元禄文化**：17世纪末至18世纪初在第五代将军德川纲吉执政的元禄年间盛行的文化风潮。其特征在于贯穿着现实主义的批判精神。主要成就体现在小说、俳句、戏曲等方面。井原西鹤、松尾芭蕉、近松门左卫门并称为“元禄三杰”。

百年的天下太平，社会上则一片祥和安稳，经济上变得更加富饶，文化也就因此产生了优异的成就。其中在文学上，教科书里也特别记载了井原西鹤①、松尾芭蕉②、近松门左卫门③三人。然而，令仆感到不满的是，教科书中对中国文学的影响竟然一概没有提到，在描写这三人登场时所用的笔调，仿佛他们都是纯粹由日本国内培养出来的。不过，西鹤的浮世草子、芭蕉的蕉风俳谐、近松的戏剧脚本，都带着中国文学的气息。请翻阅实际的作品看看，马上就能理解了。

当然，这一时期的日本文学也不是原封不动地将中国文学移植过来，这与“五山文学”大不相同。不过，他们

---

① **井原西鹤（1642—1693）**：江户时代的小说家、俳谐诗人。早期以俳谐（以诙谐、滑稽为特点的短诗）创作为主，大量取材于城市的商人生活。中年时，以散文形式写出第一部艳情小说《好色一代男》，被认为是日本文学史上“浮世草子”（社会小说）的起点，是现实主义的市民文学的开端。此后着力于小说的创作，代表作还包括《西鹤诸国奇闻》《日本永代藏》等。

② **松尾芭蕉（1644—1694）**：江户时代的俳谐诗人。他使俳谐从和歌中真正独立出来，将俳句形式推向顶峰。其一生游历日本多地，诗作中充满了禅的意境。代表作包括《奥之细道》《旷野纪行》《鹿岛纪行》等。

③ **近松门左卫门（1653—1725）**：日本江户时代前期木偶净琉璃及歌舞伎的剧作家，被誉为“日本的莎士比亚”。他的净琉璃剧本可分为时代物（历史剧）、世话物（社会剧）、心中物（情死剧）和折衷物（兼社会和历史剧）。其中，世话物和心中物影响较大，他将江户戏剧由市井说唱推上了艺术的高峰。代表作包括《曾根崎情死》《冥土传书》《大师经昔历》《情死天网岛》《国姓爷合战》等。

能够写出这般杰作，绝不是向《古今和歌集》或《源氏物语》学来的。在山川版教科书中，概括元禄文化的特征是："有着以现实主义和实证主义主导人类与其社会的强烈倾向"。这与强调"诸行无常论"的《平家物语》和《方丈记》，本质上也有很大的差异。

不过为什么会出现这种情况呢？文化的接受者不是公家，也不是武士，而变成商人，当时的社会背景是很重要的，教科书也强调了这一点。不过，他们又是如何看待这些应商人的需要而产生的作品呢？因为是天才，所以突然就灵光闪现吗？并不是如此。

不仅是这三个人的作品，从作为江户时代的文人们学习的基础知识的中国近代文学作品中，可以看见如教科书里描述的特征。解释世间事物的，不是佛教的理论；如果用粗略方式来概括，儒教式的重视现实世界的倾向，是宋代之后的中国文学的特征。而日本也在这个时期，终于以商人为中心，将可以接受这种特质的文学的社会基础准备好了吧！"元禄文化"的诞生具备了这样的时空背景。虽然因为锁国，谁也没去过中国，但其存在仍旧一如以往地拥有巨大的影响力。

不知是否因为如此，近松门左卫门留下了以中国历史为背景的杰作《国姓爷合战》，以实际存在的人物郑芝龙、郑成功父子为原型，描写了明清之间的战争。因为郑成功的母亲是九州岛武士之女[①]，所以把国姓爷郑成功描写为

① **郑成功之母：**郑成功的母亲田川氏是日本平户岛人。

身上拥有大和魂的武士。这里插入一段明朝将军吴三桂（实际存在的人物）怒骂清朝人野蛮的台词吧！近松门左卫门的这段描写，表现了元禄时代的日本人群体对于自己在亚洲当中位置的认知。

> 诚惶诚恐，大明国三皇五帝皆兴礼乐，示孔孟之教，今也多盛五常五伦之道。释迦于天竺解说因果学说，有断恶修善之道，在日本则有说明正直中常的神明之道。

在这段文字之后，虽然恶言批判满人在这样的文明中微不足道，不过这里值得注意的是这里的评价：中国等于儒教，天竺（印度）与佛教并列，日本等于神道。恐怕真实的吴三桂并不会这么想，不过通过这个明朝大将军之口，听起来像是赞扬我们日本国的神道，所以近松的观众都会大声拍手叫好，获得了连伟大文明国家的人也确实认同的满足感。如果以现在来比拟，就像美国的国务卿在记者招待会上给予日本高度评价，这是在日本电影里才会出现的画面。

所以，你发现了吗？当时日本政府（江户幕府）唯一正式往来的外国，并没有出现在上述的引用中。那就是韩国（朝鲜国）。在歌舞伎中有高丽屋的屋号[1]，但是在所有剧本中，几乎看不见有任何韩国的影子。它大概只有在以

---

① **屋号：**歌舞伎演员所属家系的称号。

神功皇后征讨三韩和丰臣秀吉出兵朝鲜为题材的作品中才会出现吧！

印度、中国与日本并称，以这三个国家来代表世界。近松门左卫门沿用了与前文介绍过的《今昔物语》几乎完全一样的架构。不过在《今昔物语》中，佛教是三国共通的普遍性学说，所以才会有由中国和日本的高僧以咒术的方式来拯救韩国（新罗）危机的故事。不过到了元禄文化的时代，近松门左卫门将佛教视为印度的专利，中国则是儒教，而我们日本是神之国。

在江户时代，没人去过印度。近松门左卫门到底知不知道早在几百年以前，佛教已经在印度被消灭的事呢？

无视韩国并以自己的印象来写印度，锁国体制使确实不知道外国事物的人，创造出文学上的著作。通过这样的杰作，每个人形成了对外国的认识。幕末的尊王攘夷思想，也是在这种时代背景下诞生的。

♣K 现在依旧吃人的仁义道德

明天终于到了毕业典礼了呢！啊，是什么样的因果关联，才会发生和小学时一样的事情！这次也是因为有无论如何都无法缺席的工作，仆又没法出席了。那工作就是“中日共同历史研究”的聚会，仆只能在前往出差地点福冈的飞机上，想象毕业典礼的情况了。

这也是本书的最后一部分。仆一开始的计划就是从你的生日开始写到今天为止。数数看，52天，刚好和扑克牌的张数一样，所以用了扑克牌的点数来当作小标题的编号。所以这也成了最后一张牌了。

让我们回头，重新整理构成本书的四个部分吧！

第一章，用的是象征贵族武器的黑桃（spade），所以用剑[①]来作为仆的章名起始。学校里的日本史科目为什么

---

① **扑克牌**：扑克牌的图案在各国有不同的象征意义，这（接下页）

无聊？同时上课所教的内容称为“日本史”究竟恰当吗？以这些问题为起点，介绍与现在这个架构相联结的过去的日本史书籍——赖山阳的《日本外史》。随后指出，在尊王攘夷的思想下，只以日本的角度来看日本历史的问题。

第二章，用的是象征神职人员信仰的爱心，在这里介绍日本的神话。《古事记》和《日本书纪》在形式上是历史书，但是其中所描写的，并不是真实发生过的历史，而是编纂者们以“如果是这样就好了”为出发点所创作的“故事”。称其为“故事”，是指写下了“不是事实的事件”，但是为什么要写那样的故事？因为这些故事，让我们拥有什么样的日本印象？写得太过分好像会激怒虔诚信仰神话的人，但仆不打算敷衍搪塞。

第三章，用的是象征商人财产的钻石，讲述的是被我们视为财产的日本国家是如何形成的。以大化改新（不知是否真正发生过的奇怪改革）为起点，在迈向律令国家的道路上，引进“普遍性”的中国文明。当然，认为中国文明具有普遍性是当时人们的误解，在当时的地球上，还有印度、罗马、伊斯兰等优秀的文明。不过因为他们并不知道，所以会这么认为也是没办法的事。古人得到中国文明这项财富，创造了日本国家，并流传下来交给我们。

第四章，用的是象征百姓农具的梅花，就像耕田用的

（接上页）里以英国的象征来解释。中文俗称的黑桃图案，在英国象征的是铲子；方块代表钻石，梅花则是三叶草（club）。

锄头，再次挖掘从镰仓时代开始的历史。所以这部分的内容很多在第一章就谈到了。我们以日本历史现在的样貌，来谈其形成的经过，将自己埋进镰仓时代之后的历史进程中。武士掌握权力会产生什么样的政治形势？伴随新佛教思想而来的是何种文化？锁国这种方式，使日本人对外国的认识产生什么样的阴影？这一切，导致的结果是尊王攘夷思想在19世纪的兴起。这与第一章谈到赖山阳的部分相互呼应，仆的整个讲述随之落幕。

还记得吗？一开始，仆便宣布在书中以“仆”作为“我”的自称，而理由将在最后阐述。所以在这里，要来兑现这个约定。

大概是在小学五年级的时候，补习班的国语论说文教材中，有这样一段话：“自己非常讨厌‘仆’（ボク）这个字。因为‘仆’有奴隶（下仆）的意思，恐怕是自以为非常熟悉汉字的某个人，刚好想装模作样，便开始用这个字吧！这是日本人不好的品质，与过度卑躬屈膝、奉承谄笑是一样的。英语就堂堂正正地用‘I’……”

年少气盛的小学生“仆”，对这篇文章非常愤怒。因为完全不记得是谁写的文章了，所以这里没办法翔实引用，非常可惜（身为历史研究者却这样真是不合格啊）。不过还很清楚地记得自己为什么会生气，应该说，连一天都没忘记过。

这个人是以“西方人了不起但日本人却很糟糕”为大前提来写这段文章，而且在他看来，存在于世界之上的只有西方人与日本人，对邻近的中国和韩国完全视而不见。

“仆”这个自称，与欧美语文中的第一人称代词在本质上就不一样，却被当作日本还没有近代化的证据。这个人在上汉文课时大概一直在睡觉吧！在东亚的汉字文化圈，“仆”是传统的第一人称代词。的确，虽然“下仆”在汉字的本意中是“奴隶”，但也没有“上仆”的说法，所以在使用时，强调的是对对方非常谦卑，最初带有“您是仆的主人”的意思。相似意思的字还有“臣”。过去在东亚，上呈君王的文书中，自己的署名一定会写“臣”。

从这个层面上看，这个“仆”（仆这个代词，也就是仆这个人）还不熟悉近代化的平等思想，也就是基本人权。但是仆认为，这是个非常优美的字。请稍微想想“贵方的仆”（あなたのしもべ），从人类的关系上，不是完全对等、平等吗？

没错，与“仆”相对的是“君”。现在的“君”也还是有君主、主人的意思。仆与君，对“仆”来说，“君”是即使牺牲自己的生命也想要守护的“主人”。不仅历史上一直这么认为，将来也是一样。在儒教的“三纲”中，朱熹大学者提出，虽然君臣、夫妇是后来才形成的关系，但亲子是天生的、难以割舍的关系，对人类来说，也是本源。

不过，关于亲子的这种理解方式，违反了“自立之现代的独立个体”这种学说。你们在幼儿园里学唱的儿歌《握紧拳头，打开拳头》[①]，这首歌的作曲者是法国

① 《握紧拳头，打开拳头》：原曲为歌剧《乡村的占卜师》（*Le Devin du Village*）。

的思想家卢梭（Jean-Jacques Rousseau，1712—1778），他在《社会契约论》这本书的一开始就说："人生而自由。"这一思想也成为法国大革命时《人权宣言》的基础。根据这个学说，即使是亲子，也应该被视为具有独立的人格而平等对待，因为这是基本的人权。就这样，近代社会诞生了。

但是，"近代"真的有那么了不起吗？过去的人与现在的仆相比，不知道基本人权就是不幸的人吗？

当然，不幸的历史应该有很多，即使被主人残暴地对待，也不能有任何怨言，被毒打甚至因此丧命的人也不少吧！不想参加的战争，却为了"仁义道德"而前往，在战场上失去生命的年轻人也大有人在吧！相比之下，我们因为幸运地生在近代社会就不会遭遇到……吗？

"仁义道德"似乎正在以别的名字出现在舞台上。以"自由"或"民主"为名（啊，这里当然不是指政党的名字喔！这些政党以这些名词表达理念，以困难的词来说称为"观念"，已经是高中生的你，多少也会用"观念"这个词了吧）。

基于"为了自由"或是"为了民主主义"等理由，发生了许多战争。日本实际上现在也在伊拉克帮忙。在美国，"为了自由而死"似乎被视为一项非常的荣誉。但是这么一来，"为'自由'而不死的自由"事实上是不被认同的吧！仁义道德吃人，这与过去的东亚没有区别。

近代到底是什么呢？本书还没有接触这个部分。然而，希望还能借其他机会与你谈谈关于19世纪下半叶以后的明治维新、大正民主[①]与昭和激变[②]。

你在房间里，与妈妈两人，好像非常愉快地在准备明天的毕业典礼哪！

好了，我也该为明天出差九州岛整理行李了！

---

① **大正民主**：指的是1912—1926年日本大正天皇在位期间，恰逢“一战”，许多外国商人前来日本投资，造成新日本的一片繁华景象；“一战”结束后，民族自决浪潮十分兴盛，民主自由的气息浓厚，被誉为自明治维新以后前所未有的盛世。

② **昭和激变**：指的是1926—1989年日本昭和天皇在位期间。昭和是迄今为止日本使用时间最长的年号。在大正民主之后，随着经济的大衰退，社会不安加剧。军国主义分子掌权后，日本发动了对中国及亚洲各国的大规模侵略战争，日本成为第二次世界大战远东以及太平洋战场上的主要侵略者。最终在太平洋战争中全面失败，日本战败后冲绳群岛及多个太平洋岛屿分别被美国与联合国托管。1946年1月1日，日本天皇发表了《人间宣言》。同年，日本国宪法公布。从20世纪50年代中期开始，日本的经济在美国的扶植下实现复苏。

出版后记

本书2008年在日本出版，随后2013年繁体中文版面世，在读者群中引起了极大的反响，被《南方都市报》评为2013年度十大港台好书。

在书中，作者小岛毅有多重身份，他是日本人，是东京大学的知名教授，同时也是一名15岁中学女生的父亲，在这样的多重视角下，他将如何描述日本史？

一开篇，小岛毅便回答了读者们的疑问，阐明他写书的目的在于，对现行日本教科书的编纂方法提出商榷；针对教科书叙事的无聊生硬，他想向女儿呈现的是更有趣更多面的日本史。他批评了教科书中将日本史与世界史剥离的经典编排方式，提出日本的历史从来都不是孤立的，是在与其他国家的互动过程中逐渐形成的，历史从来不是本国史与外国史的简单相加。

由此展开，相对于纯粹的历史知识，小岛毅更想向青年一代传达的是看待历史的角度和解读历史的方法，即应当重视史观的态度。当然，掌握必要的史实是了解历史的基础，但死记硬背年代、人名及事件意义并不是最终的目的，我们需要走近历史，分析历史，而不是简单地重复描述，更不要粗暴地评价历史，任何脱离当时的时代背景而评论历史的行为都是无礼的。

从天照大神的建国神话，到圣德太子的传说，再到尊王攘夷思想的形成，小岛毅以日本史为例，示范了如何对历史进行剖析解读。他澄清了许多在日本人中都存在误解的史实，进而一步步剖析了历史是如何被建构的，并且在字里行间引导读者去分辨，历史为什么会呈现出今天我们所见的样貌。历史不是单纯的遗迹与存留，不是等待我们挖掘的客观存在，它在一定程度上是被建构解读出来的。

相同的或类似的历史，从不同的角度，可以体悟到迥异的感受。小岛毅批驳了日本中心的史观，同时也反对面对西方文化时妄自菲薄的态度。日本历史中充满了汉学与兰学的痕迹，在与不同国家的交往碰撞中，日本的独特性也逐渐形成。

回到日本史本身，日本与中国一样，在近代也遭遇了与西方力量的正面对抗。不顾天皇之令而签订不平等的《安政条约》的井伊直弼在日本被视为开放锁国的先驱，而被迫开港的横滨则成为“文明进步”之地；而签订《马关条约》的李鸿章在多数历史文本中都是“卖国贼”，而被迫开港也往往是沿海城市的“耻辱历史”。相似的事件与境遇，全然不同的解读，并没有孰是孰非，这只是不同的角度，不同的史观。

“什么是历史？为什么要学历史？”

“历史会成为后世的智慧。”

服务热线：133-6631-2326　188-1142-1266

服务信箱：reader@hinabook.com

后浪出版公司

2015年8月

图书在版编目（CIP）数据

东大爸爸写给我的日本史 /（日）小岛毅著；王筱玲译.
——北京：北京联合出版公司，2015.10（2018.5重印）
ISBN 978-7-5502-6047-4

Ⅰ.①东… Ⅱ.①小…②王… Ⅲ.①日本－历史 Ⅳ.①K313

中国版本图书馆CIP数据核字（2015）第200492号

东大爸爸写给我的日本史

著　　者:（日）小岛毅
译　　者: 王筱玲
选题策划: 后浪出版公司
出版统筹: 吴兴元
策划编辑: 林立扬　张　鹏
特约编辑: 林立扬
责任编辑: 王　巍
封面设计: 周伟伟
营销推广: ONEBOOK
装帧制造: 墨白空间

北京联合出版公司出版
（北京市西城区德外大街83号楼9层　100088）
北京彩虹伟业印刷有限公司印刷　新华书店经销
字数188千字　889毫米×1194毫米　1/32　9印张　插页2
2015年10月第1版　2018年5月第5次印刷
ISBN 978-7-5502-6047-4
定价: 32.00元